QUANMIANJIANCHENG XIAOKANGSHEHUI BEIJINGXIA
XIANGCUNLÜYOU JINGZHUNTUOPINHU DE HUODEGAN YANJIU
JIYU GUIZHOU DE SHIJIAN

全面建成小康社会背景下乡村旅游精准脱贫户的获得感研究

基于贵州的实践

黄　娅　著

民族出版社

图书在版编目（CIP）数据

全面建成小康社会背景下乡村旅游精准脱贫户的获得感研究：基于贵州的实践 / 黄娅著 . -- 北京：民族出版社，2023.9

ISBN 978-7-105-17080-7

Ⅰ．①全… Ⅱ．①黄… Ⅲ．①乡村旅游—扶贫—研究—贵州 Ⅳ．① F592.773 ② F127.73

中国国家版本馆 CIP 数据核字 (2023) 第 184134 号

全面建成小康社会背景下乡村旅游精准脱贫户的获得感研究：基于贵州的实践

著　　者：黄　娅
策划编辑：张义军
责任编辑：马少楠　杨蜀艳
出版发行：民族出版社
网　　址：http://www.mzpub.com
地　　址：北京市和平里北街 14 号
邮　　编：100013
印　　刷：北京中石油彩色印刷有限责任公司
版　　次：2024 年 1 月第 1 版
印　　次：2024 年 1 月第 1 次印刷
开　　本：787 毫米 ×1092 毫米　1/16
印　　张：12.5
字　　数：220 千字
书　　号：ISBN 978-7-105-17080-7/F · 494（汉 387）
定　　价：62.00 元

（投稿热线：010–58130111　1092781806@qq.com；发行部：010–64211734）

引 言

精准扶贫要切实实现扶贫成果的可持续，让贫困人口有更多的“获得感”。从全面建成小康社会背景审视乡村旅游精准扶贫，要在经济建设、政治建设、文化建设、社会建设、生态文明建设“五位一体”指引下，充分考虑乡村脱贫与乡村振兴、乡村脱贫与新型城镇化建设的统筹衔接。本书系贵州省教育厅2019年人文社会科学项目重点课题“全面建设小康社会背景下贵州省乡村旅游精准脱贫户的获得感研究”基础上的进一步延伸和拓展。

我国的旅游扶贫实践在整体上呈现从地方到中央，从经济目标到社会、经济、文化、生态的综合目标，从贫困地区到贫困人口的自下而上、由点到面、由表及里的发展轨迹。旅游扶贫实践经历了“顶层设计—制度安排—实际运行”不断具体细化的实现路径，研究历程也经历了“贫困治理理念创新—经验总结—理论创新”的提升过程。“在脱贫攻坚伟大历程中，贵州所遇到的困难和挑战前所未有，所做出的探索和努力前所未有，所发生的历史性巨变也前所未有。”[①] 贵州省利用旅游产业作为支柱型产业的带动力，发挥旅游扶贫在脱贫攻坚中的重要作用，走出了一条“贵州道路”，摸索出了一套“贵州经验”。以贵州省乡村旅游精准脱贫实践作为个案研究，对于促进我国西部地区乡村社会工作顺利开展，助力我国西部地区乡村振兴有着积极意义。

本书研究框架包括以下四个部分：

一是全面建成小康社会背景下乡村旅游精准扶贫政策研究。比较国内外乡村旅游精准扶贫政策及其绩效，阐释“贵州道路”，总结“贵州经验”。

二是乡村旅游精准扶贫中贫困人口获得感（Sense of Gain）理论模型和测量模型构建。根据贫困多维性，从物质、安全、能力、公平、尊严五个维度构

① 《孙志刚用三个“前所未有”总结贵州脱贫攻坚伟大历程》，载《贵州日报》，2020-07-24。

建乡村旅游精准脱贫户“获得感”理论模型。从全面建成小康社会的五项指标（经济建设、政治建设、文化建设、社会建设、生态文明建设），从外部组织和内部因素两个层面，构建乡村旅游精准脱贫户获得感的测量模型。

三是乡村旅游精准脱贫户的获得感调查与测量。以贵州省乡村旅游精准脱贫户为调研对象，根据乡村旅游发展的区际差异，选择处于不同发展模式下具有代表性的区域，调查、比较、分析和研究乡村旅游精准脱贫户的获得感。

四是旅游精准扶贫制度措施的效果分析及其对乡村振兴的启示。从乡村脱贫与乡村振兴、乡村脱贫与新型城镇化建设统筹衔接的角度，提出巩固乡村旅游精准脱贫成果的措施，促进农村地区社会工作顺利开展，助力乡村振兴。

本书在写作过程中，因新型冠状病毒疫情影响，问卷数据和访谈数据的得来十分不易。部分问卷发放是由高校在校生“疫情”期间在家乡网课学习过程中帮助完成，部分访谈是从凯里学院吴学成、蒋琴、麻勇恒师生团队假期社会调查研究——《社区参与的出路：少数民族地区旅游扶贫困境的反思》中的访谈笔录和调研结论中得来，在此深表感谢！同时，因笔者学术能力所限，在写作过程中难免有错漏之处，敬请读者批评和指正！

黄娅

2022 年 11 月于贵阳

目 录

第一章 绪 论

第一节 问题的提出与研究回顾

一、问题的提出

（一）消除贫困

贫困（Poverty）问题是困扰人类已久的世界性难题，而中国作为发展中国家之一，贫困也是中国在发展历程中面临的最大障碍。因旅游具有较高的产业关联度与乘数效应，很多国家逐渐将旅游业作为脱贫的手段。

早在20世纪90年代，英国国际发展部（DFID）就提出了“有利于贫困人口的旅游”（Pro-poor Tourism）这一概念。中国对旅游扶贫的实践与理论同样也产生于这个时期。1991年，中国旅游局长会议提出“旅游扶贫”的口号。2002年，全国旅游工作会议正式提出要在全国范围内“建设一批国家旅游扶贫试验区”，从政府层面拉开了旅游扶贫的序幕。2011年，旅游扶贫第一次作为扶贫方式，被正式列入《中国农村扶贫开发纲要（2011—2020）》。2016年，首届世界旅游发展大会上，李克强总理明确提出，我国政府将在“十三五”期间通过发展旅游业使1200万贫困人口脱贫。2017年，党的十九大报告中提出了“坚决打赢脱贫攻坚战”的新任务、新要求、新策略和新方法。2018年，中央一号文件《中共中央 国务院关于实施乡村振兴战略的意见》中，明确指出“打好精准脱贫攻坚战，增强贫困群众获得感”。2018年，《国家旅游局关于进一步做好当前旅游扶贫工作的通知》明确了“旅游扶贫”的重要地位：国家脱贫攻坚战略的重要组成部分、产业扶贫的主要方式、全面建成小康社会的重要推动力量。2020年，我国实现了“现行标准下农村贫困人口脱贫，贫困县全部摘帽，区域性整体贫困得到解决”。① 2021年2月21日，《中共中央 国务院关于全面推进乡村振兴加快农业农村现代化的意见》（中央一号文件）发布。2021年3月，中共中央、国务院《关于实现巩固拓展脱贫攻坚成果同乡村振兴有效衔接的意见》提出：“把乡村振兴的主体权还给农民，同时不断对农民赋能，培养农民的乡村振兴能力，让他们把对美好生活的向往化为推动乡村振兴的动力，用双手托举起更加美好的新生活。”② 本书在全面建成小康社会的时代背景下考量乡村旅游脱贫户的获得感，提出其中存在的问题和对策，这对于巩固脱贫成果，实现乡村全面振兴，有着积极的现实意义。

（二）全面小康

全面建成小康社会是在党的十八大报告中首次正式提出的。“小康社会”是由邓小平在20世纪70年代末80年代初在规划中国经济社会发展蓝图时提出的战略构想。2017年10月18日，习近平总书记在党的十九大报告中指出，我们既要全面建成小康社会、实现第一个百年奋斗目标，又要乘势而上开启全面建设社会主义现代化国家新征程，向第二个百年奋斗目标进军。习近平说，从现在到2020年，是全面建成小康社会的决胜期。要按照党的十六大、十七大、十八大提出的全面建成小康社会各项要求，紧扣我国社会主要矛盾变化，统筹推进经济建设、政治建设、文化建设、社会建设、生态文明建设，坚定实施科教兴国战略、人才强国战略、创新驱动发展战略、乡村振兴战略、区域协调发展战略、可持续发展战略、军民融合发展战略，突出抓重点、补短板、强弱项，特别是要坚决打好防范化解重大风险、精准脱贫、污染防治的攻坚战，使全面建成小康社会得到人民认可、经得起历史检验。2019年3月5日，李克强总理在国务院政府工作报告中提出，对标全面建成小康社会任务，扎实推进脱贫攻坚和乡村振兴。坚持农业农村优先发展，加强脱贫攻坚与乡村振兴统筹

① 《中国共产党第十八届中央委员会第五次全体会议公报》，北京，人民出版社，2015。

② 中共中央、国务院《关于实现巩固拓展脱贫攻坚成果同乡村振兴有效衔接的意见》（中发〔2020〕30号），新华网 http://www.xinhuanet.com/politics/zywj/2021-03/22/c_1127241898.htm。

衔接，确保如期实现脱贫攻坚目标、农民生活达到全面小康。①

1. 全面小康社会的标准

（1）人均国内生产总值超过 3000 美元，是全面建成小康社会的根本标志。

（2）城镇居民人均可支配收入 1.8 万元。

（3）农村居民家庭人均纯收入 8000 元。

（4）恩格尔系数低于 40%。

（5）城镇人均住房建筑面积 30 平方米。

（6）城镇化率达到 50%。

（7）居民家庭计算机普及率 20%。

（8）大学入学率 20%。

（9）每千人医生数 2.8 人。

（10）城镇居民最低生活保障率 95% 以上。

2. 建设全面小康社会的五项指标

（1）经济建设：增强发展协调性，努力实现经济又好又快发展。转变发展方式取得重大进展，在优化结构、提高效益、降低消耗、保护环境的基础上，实现人均国内生产总值到 2020 年比 2000 年翻两番。社会主义市场经济体制更加完善。自主创新能力显著提高，科技进步对经济增长的贡献率大幅上升，进入创新型国家行列。居民消费率稳步提高，形成消费、投资、出口协调拉动的增长格局。城乡、区域协调互动发展机制和主体功能区布局基本形成。社会主义新农村建设取得重大进展。

（2）政治建设：扩大社会主义民主，更好保障人民权益和社会公平正义。公民政治参与有序扩大。依法治国基本方略深入落实，全社会法制观念进一步增强，法治政府建设取得新成效。基层民主制度更加完善。政府提供基本公共服务能力显著增强。

（3）文化建设：加强文化建设，明显提高全民族文明素质。社会主义核心价值体系深入人心，良好思想道德风尚进一步弘扬。覆盖全社会的公共文化服务体系基本建立，文化产业占国民经济比重明显提高、国际竞争力显著增强，

---

① 中国共产党第十九次全国代表大会报告《决胜全面建成小康社会夺取新时代中国特色社会主义伟大胜利》，新华网，http：//www.news.cn/politics/19cpcnc/2017-10/27/c_1121867529.htm。

适应人民需要的文化产品更加丰富。

（4）社会建设：加快发展社会事业，全面改善人民生活。现代国民教育体系更加完善，终身教育体系基本形成，全民受教育程度和创新人才培养水平明显提高。社会就业更加充分。覆盖城乡居民的社会保障体系基本建立，人人享有基本生活保障。合理有序的收入分配格局基本形成，中等收入者占多数，绝对贫困现象基本消除。人人享有基本医疗卫生服务。社会管理体系更加健全。

（5）生态文明建设：建设生态文明，基本形成节约能源资源和保护生态环境的产业结构、增长方式、消费模式。循环经济形成较大规模，可再生能源比重显著上升。主要污染物排放得到有效控制，生态环境质量明显改善。生态文明观念在全社会牢固树立。

因此，从全面建成小康时代背景审视乡村旅游精准扶贫，要在经济建设、政治建设、文化建设、社会建设、生态文明建设“五位一体”指引下，充分考虑乡村脱贫与乡村振兴、乡村脱贫与新型城镇化建设的统筹衔接。

二、研究回顾

（一）旅游扶贫

国外旅游扶贫研究历程大致划分为三个阶段。第一阶段：20 世纪 60 年代至 70 年代。这一阶段的相关研究主要集中在旅游业的乘数效应，包括带动就业、推动经济增长、赚取外汇、增加私人投资等宏观经济影响是人们关注的焦点问题。第二阶段：20 世纪 80 年代至 20 世纪末。研究的关注点在旅游开发对目的地社区经济、社会文化和环境的宏观影响方面。研究指出：旅游业的经济影响和社会、文化、环境等非经济影响并非均匀分布，“发展的负面后果”更多地为当地贫困人口所承受，尤其是儿童和妇女受到了更大的消极影响。[①] 第三阶段：进入新世纪以来，PPT 战略成为研究的重点。1999 年英国国际发展部提出 PPT 发展战略，这是国际社会第一次明确将旅游发展与反贫困直接关联起

① Shah, K. Tourism, The Poor and Other Stakeholders: Asian experience. ODI Fair-Trade in Tourism Paper. London: ODI, 2000: 175-182.

来，PPT的实质就是旅游扶贫。[①] 此后，PPT战略成为许多国家和地区寻求发展和解决贫困问题的重要方式。

国内旅游扶贫研究主要包括两个阶段。第一阶段：20世纪80年代末到本世纪初，研究主要集中在旅游扶贫的概念分析和对贫困地区的宏观经济作用的研究上。这一时段人们对旅游扶贫的理解还停留在“贫困地区的旅游开发”上。吴忠军（1996）认为，“旅游扶贫是贫困地区在挖掘自身特色旅游资源的基础上，通过旅游开发达到促进区域经济发展，进而实现扩大就业及思想观念转变”[②]。丁焕峰（2004）在对这一时段旅游扶贫的主要问题进行系统总结的基础上，认为“确保贫困社区的有效参与、加强旅游产业与地区主导产业的融合是今后旅游扶贫发展的方向”[③]。第二阶段：从21世纪初至今。旅游扶贫中贫困人口的获益和发展问题逐渐凸显。该阶段，旅游扶贫的主要内容包括政府及其他相关主体的角色和定位（何景明，2010）[④]、旅游扶贫的效应（周歆红，2002）[⑤]、旅游扶贫中存在的问题及原因（陈志永、梁涛、吴亚平，2011）[⑥] 等。

（二）贫困人口的获得感

我国的旅游扶贫实践在整体上呈现了从地方到中央，从经济目标到社会、经济、文化、生态的综合目标，从贫困地区到贫困人口的自下而上、由点到面、由表及里的发展轨迹。旅游扶贫实践经历了“顶层设计—制度安排—实际运行”不断具体细化的实现路径，研究历程也经历了“贫困治理理念创新—经验总结—理论创新”的提升过程。随着旅游扶贫实践的深入，对贫困人口获得感的研究也因此展开。

1. 贫困人口的获得感研究

---

① Caroline Ashley, D.R., Harold Goodwin. Pro–poor Tourism Strategies: Morking Work for the poor. ODI, IIED, and CRT, 2001: 16.

② 吴忠军：《论旅游扶贫》，载《广西师范大学学报（哲学社会科学版）》，1996（4），18—21页。

③ 丁焕峰：《国内旅游扶贫研究述评》，载《旅游学刊》，2004（3），32—36页。

④ 何景明：《边远贫困地区民族村寨旅游发展的省思——以贵州西江千户苗寨为中心的考察》，载《旅游学刊》，2010（2），59—65页。

⑤ 周歆红：《关注旅游扶贫的核心问题》，载《旅游学刊》，2002（1），17—21页。

⑥ 陈志永、梁涛、吴亚平：《关于少数民族村寨旅游开发中的几个问题》，载《黑龙江民族丛刊》，2011（3），56—60页。

（1）获得感的内涵

2015年初，习近平总书记提出："把改革方案的含金量充分展示出来，让人民群众有更多'获得感'。"[①] 同年，《中共中央国务院关于打赢脱贫攻坚战的决定》确定了精准扶贫、精准脱贫的基本方略，提出："坚持精准扶贫，提高扶贫成效。扶贫开发贵在精准，重在精准，必须解决好扶持谁、谁来扶、怎么扶的问题，做到扶真贫、真扶贫、真脱贫，切实提高扶贫成果可持续性，让贫困人口有更多获得感。""获得感"本意指获取某种利益后的心理满足感，既有物质层面，也有精神层面，还包含尊严、公平、公正等权利。"获得感"十分精准地定位了精准扶贫给扶贫对象带来的主观满足感，具有特殊的政治、经济、社会与心理内涵。贫困人口在精准扶贫脱贫过程中，经由物质条件改善、能力提升及人际互动等所得到的积极心理体验和主观满意感，即精准扶贫中扶贫对象的"获得感"。[②]

（2）获得感测量

贫困具有多维度。诺贝尔经济学奖获得者阿马蒂亚·森（Amartya Sen）在可行能力贫困论基础上拓展多维贫困理论，认为贫困是对人的基本可行能力的剥夺，这种剥夺受多重因素影响，以此展开对多维贫困的测量研究。[③] 阿尔凯尔和福斯特提出了AF多维贫困测量方法，王小林和阿尔凯尔在此基础上发现中国城市和农村的贫困状况远远高于国家统计局以收入为标准测量的贫困发生率；维度分解结果表明，卫生设施、健康保险和教育对多维贫困指数的贡献最大。经测算，收入贫困的概念遗漏了69.38%的多维度贫困户。[④] 许源源（2018）认为农民的贫困还表现在对自然资源缺少所有权、劳动所得缺乏保障、缺少交换的机会和环境等方面。民族地区生产结构单一，公共基础设施落后以及自然条件恶劣，多维贫困问题尤其突出。李丹（2018）参考贫困人口的贫困维度及贫困程度的测量、贫困影响因素、扶贫效益评价，从物质、安全、公平、能力和尊严五个维度，构建了物质、心理与精神三个层面、"五维一体"的贫困人

① 2015年03月04日04:47，人民网—人民日报，http://lianghui.people.com.cn/2015npc/n/2015/0304/c393680-26630925.html。

② 中共中央、国务院于2015年11月29日颁布的纲要性文件《中共中央国务院关于打赢脱贫攻坚战的决定》，http：//www.moa.gov.cn/gk/zcfg/xzfg/201512/t20151209_4928481.htm。

③ ［印度］阿马蒂亚·森著：《以自由看待发展》，任曦、于真译，北京，中国人民大学出版社，2002。

④ 王恬、谭远发、付晓珊：《我国居民获得感的测量及其影响因素》，载《财经科学》，2018(09)。

口获得感体系。

2. 贫困人口的福利观研究

获得感是精准扶贫政策实施给扶贫对象带来的主观满足感，与福利观、福利态度息息相关，在物质获得既定的情况下，其感知程度大小受到福利文化和福利观影响。

（1）福利观类型

福利观研究最早可以追溯到 1958 年美国社会学家威纶斯基（Wilensky）和莱博豪斯（Lebeaux）从“共时态”角度提出的“补救型福利观”（the residual）和“制度型福利观”（the institutional），认为在相同的经济制度和政治制度下，人们的福利观并非是完全“一体化”的，具有差异性。1990 年，美国社会学家罗迈尼辛（Romnissin）从“历时态”角度分析美国人福利观的变迁过程，认为与传统农业社会相适应的福利观是“消极的福利观”，与现代工业社会相适应的福利观是“积极的福利观”。[①] 我国台湾和香港地区非常重视公民福利观研究，台湾学者万育维提出就社会福利的本质而言，价值判断和观念的厘清比科学更重要（1998）。香港学者周永新提出香港市民已逐步形成以权利为基础的福利观（1990）；陈国康将香港社会多元化的福利观分为三种类型：传统社会型福利观、福利权型福利观和福利怀疑型福利观。[②]

（2）福利态度

福利态度反映福利观念，福利观念通过福利态度得以体现（王芳，2001）。在美国，将社会福利纳入民意调查始自 1935 年的罗颇组织（Roper Orgnization），调查主题包括政府保障、福利供给、就业保障、社会安全、公共救助和老年年金等方面。在英国，福利态度研究始于 20 世纪 80 年代，民意调查包括福利供给、福利形象、对贫穷的态度等方面。我国台湾地区社会福利态度的民意调查更为具体，包括 8 个方面：社会救助、工作伦理、福利对象、个人自赖、政府角色、福利经费、福利作用和福利批评等（吕宝静，1995）；王方将台湾民众的社会福利态度分为经济个人主义、社会公平和传统慈善三种类型（2001）；臧其胜对香港、

① 黄安年：《当代美国的社会保障政策》，北京，中国社会科学出版社，1998。

② 张军：《社会保障制度的福利文化解析——基于历史和比较的视角》，西南财经大学博士学位论文，2009。

台湾及大陆民众社区公众福利态度进行了比较（2016）。

（三）社区参与

国外有关“社区参与旅游”研究，最早源于20世纪60年代国外学者对旅游规划中的社区居民利益研究。著名的旅游社会学家墨菲在《社区：旅游方法》一书中，明确指出社区参与的概念，突出“人本”思想，强调社区参与对于解决民族地区旅游规划、环境生态和利益相关者之间的矛盾具有很重要的作用。[①] 此后，西方学术界关于社区参与的层次、参与模式及分类、社区导向的规划等研究内容日益丰富。[②]20世纪90年代初以来，国外学者主要针对可持续旅游与社区参与研究，最为明显的研究特征则是与旅游可持续发展的结合。可持续性的研究导向极大拓展了社区参与旅游的研究领域，有关“community-based ecotourism”（生态旅游）、“rural tourism”（乡村旅游）、“community empowerment”（社区增权）等不断纳入研究视野，其中结合国际援助项目的社区参与研究是这一时期的研究热点。其中，PPT研究以贫困人口为直接研究对象。Pan（2003）认为“非经济利益可能比经济利益更加重要”；Sangkwon Lee（2008）指出“社区居民的旅游参与程度直接影响他们对经济地位提升的感知”。Akyeampong（2011）指出“居民参与当地旅游发展决策是旅游扶贫战略成功的重要保证”。

国内社区参与旅游研究始于20世纪90年代，主要有理论构建、实践研究和深入探讨几个方面。初期的研究主要集中在理论构建方面，唐顺铁（1998）、刘玮华（2000）提出了“旅游社区”“参与”的概念，初步探讨了参与的主体、旅游社区的类型、旅游社区开发的基本原则及居民参与旅游发展的内容。[③] 李琼、陈保平（2020）在谈到乡村旅游扶贫的社区参与现状时指出：“乡村旅游的发展一定要让农民参与，才能调动农民的积极性、主动性、创造性，巩固旅游扶贫成效，实现可持续发展”，“社区参与存在居民获取信息不对称、权利缺失；参与能力不足，利益分配不公平，缺乏规范管理等问题”。社区参与旅游扶贫研究包括

---

① Murphype, Tourism: a community approach, New York: Methuen, 1985, p.27.

② Petty J. The many Interpretation of Community Participation. In Focus, 1995, 2(1): 23–47. Simmons D.G. Community Participation in tourism planning. Tourism Management, 15(2): 98—108.

③ 唐顺铁：《旅游目的地社区化及社区旅游研究地理研究》，载《地理研究》，1998，17（2），145—147页。刘纬华：《若干社区参与旅游发展的若干理论思考》，载《旅游学刊》，2000（1），41—52页。

社区参与内容、社区参与层次、社区参与的限制性因素、社区参与模式等诸多方面。

第二节 研究架构与研究方法

一、主要内容

总体研究对象，即全面建成小康时代背景下乡村旅游精准脱贫户的获得感研究具体研究对象。

构建贫困人口“获得感”理论和测量模型，基于物质、安全、能力、公平、尊严五个维度，构建乡村旅游精准脱贫户获得感的理论模型；从建设全面建成小康社会的五项指标（经济建设、政治建设、文化建设、社会建设、生态文明建设），从外部组织和内部因素两个层面，构建乡村旅游精准脱贫户获得感的测量模型。

根据乡村旅游发展的区际差异，选择不同发展模式下具有代表性的区域，调查、分析和研究乡村旅游精准脱贫户的获得感，在此基础上提出乡村旅游带动乡村振兴的发展对策。

二、研究框架

为探清上述对象，拟由四大板块建构框架。

一是全面建成小康时代背景下乡村旅游精准扶贫政策研究。通过比较国内外乡村旅游精准扶贫政策及其绩效，解读目前乡村旅游精准扶贫政策背景、体系及其实施效果。

二是乡村旅游精准扶贫中贫困人口“获得感”理论模型和测量模型构建。根据贫困多维性，从物质、安全、能力、公平、尊严五个维度构建乡村旅游精准脱贫户“获得感”理论模型。从全面建成小康社会的五项指标（即经济建设、政治建设、文化建设、社会建设、生态文明建设），从外部组织和内部因素两个层面，构建乡村旅游精准脱贫户获得感的测量模型。

三是乡村旅游精准脱贫户的获得感调查与测量。以贵州省乡村旅游精准脱贫户为调研对象，根据乡村旅游发展的区际差异，选择处于不同发展模式下具有代表性的区域，调查、比较、分析和研究乡村旅游精准脱贫户的获得感。

四是旅游精准扶贫制度措施的效果分析及其对乡村振兴的启示。从文化、制度与获得感整合研究的角度，提出巩固乡村旅游精准脱贫成果的措施，促进农村地区社会工作顺利开展，助力乡村振兴。

三、研究价值与意义

第一，构建精准脱贫户的获得感理论模型，有助于揭示贫困人口获得感构成维度、影响变量及其互动关系。

第二，在全面建成小康社会时代背景下对乡村旅游精准脱贫户获得感进行测量和研究，通过文化、制度对获得感进行透视，探寻现阶段乡村旅游精准脱贫户获得感现状和问题出现的原因。

第三，脱贫户获得感是检验乡村旅游促进精准扶贫政策实施成效的人本指标，有助于完善乡村旅游助力脱贫绩效评价指标体系，找到从物质脱贫、心理脱贫到精神脱贫的现实路径，助力乡村振兴。

四、研究方法

一是田野调查法。以贵州省乡村旅游地为调研点，实地走访乡村旅游典型社区，进行问卷调查和深入访谈，厘清乡村旅游精准脱贫户的发展诉求。

二是分类研究法。采用半结构式访谈、深度访谈进行个案研究；采用参与观察法、二手资料分析法、参与式快速评估法进行综合研究。收集音频、视频、数字和图片资料，建立资料库，分类比较脱贫户的获得感差异。

三是学科聚焦法。结合民族学、比较社会学、心理学等多学科知识，采用“系统行为的内部分析”方法研究保障模式、行为实践中的角色定位与选择，探寻制度与“获得感”不均衡背后的文化根基，究其原理。

四是定量研究法。采用计量研究及统计分析，运用获得感测量模型和测量方法进行测算，分析制度及政策实施中的供需现状、供给效果，比较政策绩效。

第二章　全面建成小康社会背景下乡村旅游扶贫政策研究

第一节　我国乡村旅游扶贫政策演进

乡村旅游精准扶贫作为精准扶贫和乡村旅游相结合的产物，是在具有一定旅游资源开发条件和市场基础的贫困乡村，通过旅游产业开发，深入每村每户，有针对性地帮扶贫困群众，提升农村发展内生动力，带动区域经济发展，实现整体脱贫致富。乡村旅游精准扶贫模式将精准扶贫理念具体应用到乡村旅游精准扶贫，让乡村旅游产品推动贫困乡村经济发展，将乡村旅游产业与乡村旅游精准扶贫相结合，改变以往将扶贫目标定位于贫困地区的工作思路，从贫困地区向贫困人口转变，强调以最大化、最精准化的程度来提高扶贫效率。归纳起来，国家层面上对乡村旅游扶贫在政策上的支持大致经历了以下几个阶段。

第一阶段：2011—2015 年，提出概念、建构模式。

2011 年，《中国农村扶贫开发纲要（2011—2020 年）》从国家政策层面首次提出将乡村旅游作为一种扶贫方式与手段。2013 年，中共中央办公厅、国务院办公厅印发《关于创新机制扎实推进农村扶贫开发工作的意见》。2015 年 1 月，《国务院关于促进旅游业改革发展的若干意见》提出，“加强乡村旅游精准扶贫，扎实推进乡村旅游富民工程，带动贫困地区脱贫致富”。2015 年 8 月，国务院《关于进一步促进旅游投资和消费的若干意见》提出，“实施乡村旅游提升计划，大力推进乡村旅游扶贫。组织开展乡村旅游规划扶贫公益活动，对建档立卡贫困村实施整村扶持。到 2020 年，全国每年通过乡村旅游带动 200

万农村贫困人口脱贫致富；扶持6000个旅游扶贫重点村开展乡村旅游，实现每个重点村乡村旅游年经营收入达到100万元。”

第二阶段：2016—2017年，明确重点、制定措施。

中共中央、国务院2016年印发的《关于落实发展新理念加快农业现代化实现全面小康目标的若干意见》（中央一号文件）提出：大力发展休闲农业和乡村旅游，“强化规划引导，采取以奖代补、先建后补、财政贴息、设立产业投资基金等方式扶持休闲农业与乡村旅游业发展，积极扶持农民发展休闲旅游业合作社。引导和支持社会资本开发农民参与度高、受益面广的休闲旅游项目”。2016年3月，发改委等七部门联合印发《关于金融助推脱贫攻坚的实施意见》，精准对接特色产业、重点项目和重点地区等领域金融服务需求，“各金融机构立足贫困地区资源禀赋、产业特色，积极支持能吸收贫困人口就业、带动贫困人口增收的绿色生态种养业、经济林产业、林下经济、森林草原旅游、休闲农业、传统手工业、乡村旅游、农村电商等特色产业发展，有效对接特色农业基地、现代农业示范区、农业产业园区的金融需求，积极开展金融产品和服务方式创新。健全和完善区域信贷政策，在信贷资源配置、金融产品和服务方式创新、信贷管理权限设置等方面，对连片特困地区、革命老区、民族地区、边疆地区给予倾斜”。2016年4月，国家旅游局启动120亿旅游基建基金申报，“重点支持休闲度假旅游、乡村旅游、文化旅游、研学旅行、旅游小城镇和新产品、新业态项目”。2016年9月，国家旅游局等12个部门制定并印发《乡村旅游扶贫八大行动方案》，确定乡村旅游扶贫工程五大任务，提出实施乡村旅游扶贫八大行动。五大任务为：科学编制乡村旅游扶贫规划、加强贫困村旅游基础设施建设、大力开发乡村旅游产品、加强重点村旅游宣传营销、加强乡村旅游扶贫人才培训；八大行动为：乡村环境综合整治行动、旅游规划扶贫公益行动、乡村旅游后备箱和旅游电商推进行动、万企万村帮扶专项行动、百万乡村旅游创客行动、金融支持旅游扶贫行动、扶贫模式创新推广行动和旅游扶贫人才素质提升行动。2016年12月，国务院印发《“十三五”脱贫攻坚规划》，在产业发展脱贫的规划中，提出了旅游扶贫的详细措施：因地制宜发展乡村旅游、大力发展休闲农业、积极发展特色文化旅游，安排贫困人口旅游服务能力培训和就业，引导和支持社会资本开发农民参与度高、受益面广的休闲农业项目，大力发展贫困人口参与并受益的传统文化展示表演与体验活动等乡村文化旅游。

中共中央、国务院2017年印发的《关于深入推进农业供给侧结构性改革加快培育农业农村发展新动能的若干意见》（中央一号文件）提出，大力发展乡村休闲旅游产业，扎实推进脱贫攻坚。打造“一村一品”升级版，发展各具特色的专业村。支持有条件的乡村建设以农民合作社为主要载体、让农民充分参与和受益，集循环农业、创意农业、农事体验于一体的田园综合体，通过农业综合开发、农村综合改革转移支付等渠道开展试点示范。深入实施农村产业融合发展试点示范工程，支持建设一批农村产业融合发展示范园。2017年5月，农业部办公厅印发《关于推动落实休闲农业和乡村旅游发展政策的通知》，加大力度支持贫困地区农业绿色生态功能开发，发挥生态扶贫在产业融合中的促进作用，鼓励引导贫困农民、林区贫困职工利用当地生态资源，大力发展特色农业、乡村旅游等绿色产业。

第三阶段：2018—2021年，整体推进、提升质量，迈进新时代。

中共中央、国务院2018年印发的《关于实施乡村振兴战略的意见》（中央一号文件）提出，大力发展农业和乡村旅游，强化规划引导，采取以奖代补、先建后补、财政贴息、设立产业投资基金等方式扶持休闲农业与乡村旅游业发展。2018年1月，国家旅游局、国务院扶贫办印发《关于支持深度贫困地区旅游扶贫行动方案》，聚焦深度贫困地区，切实加大旅游扶贫支持力度，有效发挥旅游产业在深度贫困地区脱贫攻坚中的带动和促进作用。国家发展改革委、国家林业局、财政部、水利部、农业部、国务院扶贫办印发《生态扶贫工作方案》，在贫困地区打造具有较高知名度的50处精品森林旅游地、20条精品森林旅游线路、30个森林特色小镇、10处全国森林体验和森林养生试点基地等，助力扶贫。2018年3月，国家旅游局印发《关于进一步做好当前旅游扶贫工作的通知》，鼓励和支持地方通过多种旅游扶贫途径助力贫困人口脱贫，着力构建以贫困人口为基础环节的利益联结链，建立完善、长期稳定、相对合理的利益分配机制，形成持久的内生动力。

中共中央、国务院2019年印发的《关于坚持农业农村优先发展做好“三农”工作的若干意见》（中央一号文件）提出，注重发展长效扶贫产业，着力解决产销脱节、风险保障不足等问题，提高贫困人口参与度和直接受益水平；巩固和扩大脱贫攻坚成果，做好脱贫攻坚与乡村振兴的衔接，接续推动经济社会发展和群众生活改善。

中共中央、国务院2020年印发的《关于抓好“三农”领域重点工作确保如期实现全面小康的意见》（中央一号文件）对标对表全面建成小康社会目标，提出集中力量完成打赢脱贫攻坚战和补上全面小康“三农”领域突出短板两大重点任务，以更强决心、以决战姿态，慎终如始保持攻坚力度，锚定全面建成小康社会目标，做好“加试题”、打好“收官战”。

2021年，“十四五”开局之年，中共中央、国务院印发的《关于全面推进乡村振兴加快农业农村现代化的意见》（中央一号文件）指明，“把全面推进乡村振兴作为实现中华民族伟大复兴的一项重大任务”，“三农”工作重心发生历史性转移，从脱贫摘帽、全面小康到乡村全面振兴，从胜利迈向新胜利的征程，乘势开启。“在迎来中国共产党成立一百周年的重要时刻，我国脱贫攻坚战取得了全面胜利。”2021年2月25日，习近平总书记在全国脱贫攻坚总结表彰大会上庄严宣告：“无论是雪域高原、戈壁沙漠，还是悬崖绝壁、大石山区，脱贫攻坚的阳光照耀到了每一个角落，无数人的命运因此而改变，无数人的梦想因此而实现，无数人的幸福因此而成就！”①

第二节　乡村旅游精准脱贫的“贵州战法”和“贵州经验”

2020年7月22日，中国共产党贵州省第十二届委员会第七次全体会议上，时任省委书记孙志刚用三个“前所未有”来总结贵州脱贫攻坚伟大历程：“在脱贫攻坚伟大历程中，贵州所遇到的困难和挑战前所未有，所做出的探索和努力前所未有，所发生的历史性巨变也前所未有。”②利用乡村旅游实现精准脱贫是

① 新华社 2021-02-25. https：//www.gov.cn/xinwen/2021-02/25/content_5588768.htm。

② 《孙志刚用三个“前所未有”总结贵州脱贫攻坚伟大历程》，载《贵州日报》，2020-07-24。

贵州省结合全省脱贫攻坚战略和“大旅游”发展战略而提出的，充分利用旅游产业作为支柱型产业的带动力，发挥旅游扶贫在脱贫攻坚中的重要作用。

一、“贵州战法”

2017年，贵州省政府办公厅出台了《贵州省发展旅游业助推脱贫攻坚三年行动方案（2017—2019年）》。该方案指出，要“深入贯彻习近平总书记系列重要讲话特别是在深度贫困地区脱贫攻坚座谈会上的重要讲话精神，认真落实中央和省脱贫攻坚系列决策部署，把旅游扶贫作为产业扶贫的重要抓手，把乡村旅游作为精准扶贫的重要途径，把解决更多贫困人口就业作为旅游发展的重点方向，使旅游在全省决战脱贫攻坚、决胜同步小康进程中发挥更大作用”。[①] 自此，贵州省乡村旅游精准扶贫开始迈入快车道。

在短短三年时间，贵州省乡村旅游精准扶贫政策取得了一系列重大成绩，贵州的脱贫故事引起国内外广泛关注，不少发展中国家和国际组织政要代表团前来参观考察，对“贵州战法”给予高度评价。其重大成绩主要表现如下：

一是坚持政府主导。充分发挥政府的主导作用，整合资源，大力发展全域山地旅游，优先对贵州省14个深度贫困县、20个极贫乡（镇）和2760个深度贫困村的旅游资源进行开发。

二是坚持市场导向。遵循市场规律，引进、培育和提升一大批涉旅企业，加快贵州省旅游经济发展，提高旅游经济发展的质量和效益，带动更多贫困户脱贫。

三是坚持绿色发展。坚守发展和生态两条底线，严格生态环境保护，强化规范开发，实现绿色发展、可持续发展。

四是坚持融合发展。依托“5个100”工程建设和“四在农家·美丽乡村”行动计划，着力提升旅游基础设施建设水平，推进农旅、文旅、工旅、航旅、商旅、林旅、体旅等融合发展。

五是坚持利益共享。充分发挥旅游业强大的市场优势、产业活力和带动作

① 贵州省人民政府办公厅：《文化和旅游政策》，2019-07-17，https://www.guizhou.gov.cn/zwgk/zcfg/zcjb/whhlyl/202109/t20210913_70181233.html。

用，建立让老百姓受益的利益共享机制，以创建全国全域旅游示范省为抓手，让更多建档立卡贫困人口分享旅游发展的红利。

到2019年，旅游扶贫带动全省100万以上建档立卡贫困人口脱贫。

（一）实施旅游项目建设扶贫工程

统筹乡村旅游专项资金、旅游厕所建设奖补资金和少数民族特色村寨、“5个100”工程、“四在农家·美丽乡村”行动计划等相关项目资金，通过资源整合、规划衔接、项目接入等形式，最大限度把资金配置到旅游扶贫项目上，确保每年投入2亿元以上。用好220亿元脱贫攻坚投资基金旅游产业子基金，支持带动就业作用明显的旅游景区和旅游产业项目建设。按照财政资金每投资10万元至少扶持3.6名建档立卡贫困人口脱贫，脱贫攻坚旅游扶贫子基金每投资50万元至少扶持3.6名建档立卡贫困人口脱贫的目标，带动17万名贫困人口受益脱贫。

（二）实施景区带动旅游扶贫工程

将旅游扶贫工作列入贵州省A级旅游景区管理办法和100个旅游景区建设考核重点内容，引导全省250家旅游景区（含188家A级旅游景区和62家在建旅游景区）带动贫困人口就业。其中，全省5家5A级旅游景区、69家4A级旅游景区和其他176家旅游景区，每家分别带动不少于700名、500名和300名贫困人口脱贫。从2017年起，全省4A级及以下旅游景区质量等级评定与带动建档立卡贫困人口就业增收挂钩。通过实施景区带动旅游扶贫工程，带动9万名贫困人口受益脱贫。

（三）实施旅游资源开发扶贫工程

发挥自然生态和民族文化优势，用好全省旅游资源大普查成果，按照“科学规划、分类实施”原则，以新发现未开发的5.2万处旅游资源和普查登记的77处优良温泉旅游资源为基础，结合新的交通格局以及14个深度贫困县、20个极贫乡（镇）和2760个深度贫困村的旅游资源分布，编制和完善《全省全域山地旅游发展规划》《全省旅游扶贫规划》《贵州省温泉产业发展规划》以及各地《县域旅游扶贫规划》，重点将2689处优良资源和极贫乡镇新发现的960处新资源优先予以规划和开发。

支持14个深度贫困县至少各打造一个精品旅游景区，力争全省88个县（市、区、特区）至少各有一个精品旅游景区和两个乡村旅游点，新规划开发的旅游景区、乡村旅游点优先解决建档立卡贫困人口就业。通过实施旅游资源开发扶贫工程，带动7万名贫困人口受益脱贫。

（四）实施乡村旅游扶贫工程

推进“百区千村万户”乡村旅游扶贫工程，推广“美丽乡村”建设的“花茂路径”、特色产业发展的“杉坪路径”、“三变”改革推动的“娘娘山路径”、景区带动的“赤水路径”、民族文化创新的“西江路径”、互联网助推的“好花红路径”、产业融合的“云谷田园路径”等，带动贫困人口直接到乡村旅游企业务工增加收入，直接参与乡村旅游经营增加收入，直接开办农事体验或旅游活动项目增加收入，直接出售农副土特产品等增加收入，直接出租房屋或土地等自有资产增加收入，将房屋、土地、人力等自有资源折算入股分红，通过政府、企业低价或无偿提供的停车场、商铺等经营性资产增加收入，从乡村旅游发展中获得补助收入，通过乡村旅游发展获得资产增值收入等，2019年乡村旅游经营户数从2016年年末的16284户增加到44500户。

结合“四在农家·美丽乡村”六项行动计划、农村人居环境综合整治、“一事一议”“厕所革命”等工作，加快改善旅游扶贫重点乡村旅游基础和公共服务设施，实现每一个重点乡村旅游扶贫点至少有一个A级旅游厕所和一个综合性游客服务中心。通过实施乡村旅游扶贫工程，带动25万贫困人口受益脱贫。

（五）实施旅游商品扶贫工程

大力发展“贵银”“黔绣”“黔蜡染”等系列旅游商品，创新改革地方特色美食和民族手工艺品。深入实施乡村旅游“后备箱”工程，在重点景区景点、高速公路服务区、机场、高铁站以及主要交通干道旅客集散点等重点区域设立贵州绿色农产品、旅游商品销售专区、专店或专柜，鼓励酒店、农家乐等旅游餐饮场所积极采购深度贫困地区的农副产品。

支持各景区利用自身品牌开发系列旅游商品，利用自身融资能力扩大旅游商品生产规模。每年开展“游客喜爱的贵州旅游商品”评选活动，评选出一批质量高、特色足、设计新的精品品牌。通过特色旅游商品开发和促销，带动10万名贫困人口增收脱贫。

（六）实施“旅游+”多产业融合发展扶贫工程

推动“旅游+”多产业融合发展，引导社会资本以租赁、承包、联营、股份合作等多种形式投资开发乡村旅游项目，兴办各种旅游开发性企业和实体，对吸纳农村贫困人口就业的旅游企业，按照规定给予税收优惠、职业培训补贴等政策支持，推进旅游与农业、水利、工业、林业、文化、交通、体育、康养、养老等多产业融合发展，深度开发森林康养、户外运动等体验性文化旅游活动，打造采摘耕作、农事感知等旅游产品，培育精品客栈、特色民宿等旅游业态，把全省的旅游资源优势转化为产业优势。

成立旅游专业合作社，支持村级集体经济组织兴办旅游公司、旅游农场，采取“公司+农户”“专业合作社+农户”、综合开发、整村推进等多种方式，为参与旅游业的建档立卡贫困户提供5万元以下免担保免抵押贷款、三年以内扶贫小额贷款、“特惠贷”支持，充分调动广大农民发展乡村旅游的积极性，助推一大批贫困人口脱贫。2019年，全省重点培育300家以上“旅游+”融合发展企业，按照每家企业扶持100名建档立卡贫困人口脱贫的目标，带动3万名贫困人口受益脱贫。

（七）实施旅游结对帮扶工程

坚持开放式旅游扶贫，充分调动体制内外两种资源、省内省外两个渠道和全社会力量，重点利用7个对口帮扶城市资源优势，采取分级分类结对帮扶方式，创新帮扶联动机制。在第十二届贵州旅游产业发展大会期间召开全国涉游企业结对帮扶深度贫困地区对接会，重点帮扶14个深度贫困县、20个极贫乡（镇）和2760个深度贫困村发展旅游。

组织和引导大学毕业生、专业艺术人才、青年创业团队、返乡农民工等各类“创客”投身旅游扶贫开发，通过创意研发、产品开发、宣传推广等，建设一批乡村旅游创客示范基地，推动贫困村旅游创新创意和升级转型发展。通过旅游结对帮扶，带动4万名建档立卡贫困人口受益脱贫。

（八）实施乡村旅游标准化建设工程

大力推广实施《贵州省乡村旅游村寨建设与服务标准》《贵州省乡村旅游客栈服务质量等级划分与评定》《贵州省乡村旅游经营户（农家乐）服务质量等级划分与评定》标准。重点指导贫困地区开展乡村旅游村寨、乡村旅游客栈及经营户（农家户）评级定档工作，提升乡村旅游经营场地、设施设备、特色创意、环境卫生、旅游厕所、污水和垃圾无害化处理设施等硬件和软件水平，以户带村，以村带乡（镇），加快形成标准化、规模化、现代化的乡村旅游产业体系。

2019年，全省评定标准级以上乡村旅游村寨、精品客栈和三星级以上乡村旅游经营户1500家。在乡村旅游评级定档工作中，引导乡村旅游经营户每户吸纳2名以上建档立卡贫困人口就业。

（九）实施旅游教育培训扶贫工程

将旅游扶贫从业人员培训纳入各级旅游部门年度培训计划，突出精准培训，把培训与发展产业、文化传承等结合起来，强化旅游骨干培训，培养一批旅游经营企业、导游、烹饪、乡村旅游创客、乡村旅游经营户、能工巧匠传承人和乡土文化讲解员等实用人才。鼓励各地采用政府购买服务等方式，组织本地旅游从业人员就地就近参加乡村旅游食宿服务、管理运营、市场营销等技能培训。

围绕多彩贵州文化品牌，结合贫困地区民族文化旅游发展需要，鼓励建立民族技艺旅游文化方面的特色民办职业培训学校，积极为贫困劳动力开展民族芦笙演奏、民族传统文化和民风民俗、民俗歌舞表演、民族手工艺品制作、文化旅游商品制作、导游基础知识、银饰、刺绣、蜡染、电子商务等方面的特色技能培训，为全省旅游文化产业及相关的民族餐饮业、酒店业等提供特色技能人才。省市县培训旅游扶贫重点村干部1000名以上、乡村旅游致富带头人10000人以上。

开展旅游扶贫助学活动，落实中职免学费政策，其中省旅游学校对建档立卡贫困学生免除学杂费，并采取多种方式，分类分批培训1000人以上贫困人口并将其发展为乡村旅游骨干。全面开展乡村旅游人才培训，推进贫困村寨旅游人才培育工作。2018年，实现旅游扶贫重点村旅游从业人员培训全覆盖。

二、“贵州经验”

这一系列精准管用的“贵州战法”，充分展现了贵州省人民不畏艰险、不甘落后、战天斗地、勇闯新路的伟大脱贫攻坚精神。贵州省的历史性巨变充分彰显、生动体现了中国共产党领导和中国特色社会主义制度的显著优越性。总结起来，贵州省旅游精准脱贫之路，取得了如下几方面的经验。

（一）组织机制给力

在贵州省旅游发展和改革领导小组下增设旅游扶贫专项组，负责全省旅游扶贫筹划、指导、组织和协调工作，统筹解决旅游扶贫中的有关问题。各市（州）、贵安新区和各县（市、区、特区）建立相应工作机制，并结合工作实际制订实施方案，确保各项工作落到实处。

（二）金融支持到位

鼓励和引导民间投资通过PPP（Public-Private-Partnership，政府和社会资本合作）、公建民营等方式参与厕所及污水处理、停车场、游客咨询服务中心等旅游基础设施建设和运营。推动普惠金融发展，引导金融机构面向旅游项目和企业创新开展“旅游贷”等信贷业务，鼓励融资担保公司开展适应旅游特点的融资担保业务，建立健全旅游带动信用评级体系，加大对旅游经营主体特别是中小企业和个体经营户的金融支持力度。

（三）宣传营销充分

制订全省重点乡村旅游宣传推广方案，充分利用旅行社在市场推广方面的优势，加强对贫困地区重点旅游景区、线路产品和乡村旅游品牌的宣传营销，引导更多游客到贫困地区旅游和消费。充分利用全省旅游“一站式”服务平台、云信息、互联网和电商平台、节庆推广、主题活动等载体，建设旅游商品展销平台、旅游电商服务站点，支持各大电商平台为贫困地区开设扶贫频道，开展在线宣传推广、特产销售、旅游线路营销等。积极组织开展旅游企业、旅游院校学生、对口帮扶单位公益旅游等活动。在7个对口帮扶城市的电视、报刊、电台、网络等媒体上进行旅游推介。

（四）调度考核完善

制定出台旅游扶贫工作考核办法，建立完善旅游扶贫工作调度管理和考核评估机制，实行“月调度、季总结、年考核”，将旅游扶贫工作纳入各地旅游业发展绩效考核。建立旅游扶贫工作跟踪、监控评估和动态管理机制，每年评选一批旅游扶贫示范县、旅游扶贫示范村、旅游扶贫示范户、旅游致富带头人、旅游扶贫示范景区、旅游扶贫示范单位、旅游扶贫先进个人。

（五）监测管理有效

依托大数据、云计算创新旅游扶贫手段，升级完善全省旅游发展和旅游精准扶贫云系统。在全省选取100个贫困村作为监测点，构建覆盖全省的监测网络体系，动态跟踪、评估旅游扶贫成效。建立市县乡三级1500人以上的旅游精准扶贫云信息员队伍，加强信息员队伍的管理和培训，全面采集旅游扶贫村寨贫困户基本信息和带动就业增收情况，实时跟踪旅游扶贫项目开发建设情况，提高源头数据质量，为全省旅游扶贫提供准确信息。

三、贵州乡村旅游扶贫绩效

贵州省委、省政府将旅游业作为守好发展和生态两条底线、决战决胜脱贫攻坚、推动贵州省经济转型升级的重要举措，提出举全省之力、集全省之智，推动贵州全省旅游实现“井喷式”增长。经过贵州全省上下共同努力，2016年、2017年、2018年，贵州省接待游客人数分别增长41.2%、40%、30.2%，旅游总收入分别增长 43.1%、40%、33.1%，2019 年前三季度[①]全省接待入黔游客、旅游总收入同比分别增长 26.1%、28.3%。2018 年旅游业增加值占 GDP 比重达到 11.3%，在优化经济结构、转换发展动能、拉动消费需求、促进高质量发展、扩大社会就业、带动群众增收等方面发挥了重要作用。在这个过程中，贵州省高度重视旅游扶贫工作，推动旅游业为全省决战脱贫攻坚、决胜同步小康发挥更大作用，取得了显著成绩。

（一）旅游产业精准扶贫取得新成效

2017 年以来，贵州省实施发展旅游业助推脱贫攻坚三年行动，大力推进旅游项目建设、景区带动、乡村旅游等九项旅游扶贫工程，“旅游 +”多产业融合发展步伐加快，实现旅游业带动就业 98.64 万人，89.7 万贫困人口受益增收脱贫。涌现了建设美丽乡村整村脱贫的“花茂路径”、互联网 + 旅游扶贫的“好花红模式”、民族文化 + 旅游扶贫的“西江样本”等助推脱贫先进典型。

（二）贫困地区旅游资源开发实现新突破

持续用好贵州省旅游资源大普查成果，以新发现未开发的 5.2 万处旅游资源和 77 处优良温泉旅游资源为基础，优先开发贫困地区的旅游资源，优先安排贫困地区的旅游项目。截至 2019 年，在 66 个贫困县开发旅游资源 19495 处，在 16 个深度贫困县开发旅游资源 4490 处，建成旅游项目 3105 个，实施温泉旅游项目 31 个。

（三）乡村旅游助推脱贫攻坚开创新局面

充分发挥乡村旅游在精准扶贫、精准脱贫中的作用，截至 2019 年，贵州省有 3500 多个村寨发展乡村旅游，打造了 12 个全国乡村旅游重点村、131 个省级乡村旅游扶贫示范点。出台实施贵州省乡村旅游村寨、客栈、农家乐经营户建设服务等三个省级地方标准，评定的标准级以上乡村旅游村寨、客栈、农家乐经营户达 1515 家。2019 年前三季度，贵州全省乡村旅游游客 4.23 亿人次，

① 2019 年年底新冠疫情爆发，旅游产业受到一定影响，故本书主要统计 2019 年第三季度以前的旅游业发展数据。

总收入达 2561.94 亿元，同比分别增长 21.7%、30.6%。

（四）旅游公共服务设施建设迈上新台阶

加快推进快旅慢游交通服务体系建设，旅游交通格局更为便捷。重点支持贫困地区完善步道、停车场、游客中心等旅游公共服务设施，截至 2019 年，建成旅游厕所 4822 座，旅游公共服务更加完善，培育了一批旅游电商平台，重点智慧旅游景区建设步伐明显加快。

（五）旅游合作成为东西部扶贫协作新亮点

充分利用对口帮扶省市资源优势，强化旅游推介、市场拓展、景区打造、旅游招商引资和人才培训等方面务实合作。实施门票减免、过路费减半等特惠旅游政策，2019 年上半年对口帮扶省市入黔游客占全国入黔游客的 49.2%，其中广东、浙江、江苏三省入黔游客位列前三位。

四、特色田园·乡村振兴集成示范点规划——贵州省乡村旅游建设的进一步延伸

习近平总书记强调，“脱贫攻坚取得胜利后，要全面推进乡村振兴，这是‘三农’工作重心的历史性转移”。2021 年春节前夕，习近平总书记亲临贵州视察时，作出了“四新”重要指示，把新型工业化、新型城镇化、农业现代化、旅游产业化作为主要抓手，全力以赴围绕“四新”抓“四化”。贵州省有将近一半人口是农民，随着将来城镇化进一步发展，乡村振兴是一个长周期的历史过程。为此，贵州省委、省政府采取由点及面、以点带面、点面结合的方式推进乡村振兴。在面上，贵州省下发了《关于分类分级推进乡村振兴的指导意见》，将全省除云岩区、南明区以外的 86 个县（市、区）分为乡村振兴引领示范县、重点推进县和夯实基础县三类，全面有序地推进乡村振兴。在点上，贵州省印发了《贵州省特色田园乡村·乡村振兴集成示范试点建设方案》，提出“推进特色田园乡村建设示范试点”，把试点示范作为“三农”工作的一项重要任务，面上推进与点上示范相结合，以点带面、点面结合、压茬推进。

2021年以来，贵州省全面推进特色田园乡村·乡村振兴集成示范点建设，形成了一批省级、州级、县级特色田园乡村·乡村振兴集成示范点。各市（地州）、县以建设特色田园乡村·乡村振兴集成示范点为契机，采用试点先行，以点带面，以“三强化、三提升”（即：强化旅游从业人员培训，提升综合素质；强化现场指导，提升实践从业能力；强化总结推广，提升示范引领）为举措，持续进行乡村旅游“练内功”，全面巩固拓展脱贫成果、推进乡村振兴。

第三章　乡村旅游精准脱贫户的获得感评价体系

获得感是习近平新时代中国特色社会主义思想的重要内容，表现为人们建立在“客观获得”基础之上的主观感受。乡村旅游社区脱贫户的获得感是乡村旅游发展带来的居民在物质利益、政治权利、发展成果等方面的获得，具体表现为物质、心理、精神等多个层面的主观满足。获得感研究应充分体现“以人民为中心”“为人民谋福祉”的发展理念，进行多维度、多角度的深入分析。

第一节　理论基础

一、社会公平和相对剥夺

马克思主义经典作家对社会公平理论进行了详细的描述，实现社会公平是马克思主义者不断奋斗的目标。马克思主义的社会公平理论认为社会公平是相对的、具体的、历史的，不是绝对的、永恒的。社会公平与社会经济结构、经济发展水平密切相关，社会公平是相对的，社会发展中出现的不平等可以降到最低，但永远不可能完全消除。无产阶级公平观的本质是消灭阶级，并在此基础之上从形式上的公平上升为实质性的公平，实现各尽所能，按需分配。公平是平等与不平等的统一，在货币消灭之前，可能存在事实上的权利剥削，社会地位存在不平等。中国作为一个以生产资料公有制为基础的国家，社会公平包括了权利公平、机会公平、规则公平和分配公平。权利公平体现在每个劳动者都有劳动并通过劳动量获得个人消费品的权利，公平享受经济增长带来的社会福利，公平受到法律保护。机会公平体现在每个人都有发挥个人能力取得成绩实现价值的机会，任何人在机会面前都不受特权的保护。规则公平体现在规则面前人人平等，任何人都受到行为规范的约束，应自觉遵守规则。分配公平体现在在按劳分配的基础上防止贫富悬殊和社会两极分化。

美国社会学家斯托弗（Stoffer）首先提出相对剥夺感（relative deprivation，RD）的概念（Stoffer，1949），社会学家墨顿（Merton，1957）在《社会理论与社会结构》一书中加以系统阐释。相对剥夺理论（Relative Deprivation Theory，RDT）认为，相对剥夺感是社会的一种普遍现象，指的是个体或群体通过与参照对象比较，认为自己的某些方面如收入、地位、利益等处于不利地位，进而产生的一种不公平、愤怒、不满的主观感受，是一种主观认知和情绪体验。[①] 人们往往选定与自身某社会属性相近的个人或群体作为参照物，将自身利益得失与参照群进行比较，如果认为自己本应该且可以得到的东西没有得到，就会产生剥夺感。这种心理感知是经过比较后产生的，因此，将其称为“相对剥夺感”。社会学家郎斯曼（Runciman，1966）根据相对剥夺感的形成过程最先对它进行操作性定义，认为只有满足以下四个条件，个体才会产生X被相对剥夺的感觉：一是个体自身没有X；二是发现周围其他人拥有X；三是期望拥有X；四是这种期望是合理可行的。因此，如果其他人拥有我们想要但是自身却没有的事物时，就会产生相对剥夺感。上述的X可以是任何的事物，包括体能、吸引力、智力、个人物品或收入等（郭俊东，2009）。相对剥夺感所形成的参照群体可以是横向的某一个体或群体，也可以是个体或群体过去、未来或渴望的状况。Gurr（1970）在《人民为什么反叛》一书中认为相对剥夺感是行动者对价值期待与价值能力不一致的认知，他从纵向维度对相对剥夺感进行界定。他认为，价值是人们期待的事件、对象和条件；价值期待（value expectation）是人们认为他们应当（或渴望）获得的一般价值地位；价值能力（value capability）是人们认为他们能够获得或保有的一般价值地位。当人们在社会生活中实际获得的生活条件和机会低于或远远低于他们所期望得到的生活条件和机会时，相对剥夺感就产生了（李俊，2004）。[②]

---

① 熊猛、叶一舵：《相对剥夺感：概念、测量、影响因素及作用》，载《心理科学展》，2016（3）。

② 熊猛：《相对剥夺感：概念、测量、影响因素及作用》，载《心理科学进展》，2016（3），438页。

二、经济发展与社会福利

作为福利经济学的基本问题，经济发展与社会福利之间的关系一直是学者关注和争论的焦点。[①]1920 年，英国经济学家庇古（Arthur Cecil Pigou）出版了《福利经济学》，由此创立了福利经济学的理论体系，他也因此被称为“福利经济学之父”。庇古（2006）认为，社会福利在很大程度上受国民收入总量和国民收入在社会成员之间分配情况的影响，因而提出福利经济学的两个基本命题：一是国民收入总量越大，社会福利越大；二是国民收入分配越平均，社会福利越大。这种观点从传统的个人私利研究转到社会福利研究，为西方经济学者开拓了一个广阔的研究境界，在此后很长一段时间内占据了主流，但其基于基数效用函数所日渐凸显的缺陷也遭到了学者的批判。根据幸福经济学的观点，收入的增加并不等于幸福的提升。1974 年，伊斯特林（Easterlin）发现，在许多国家都出现了当国家变得更富裕时，国民平均幸福水平并未随之提高的现象，进而提出了著名的“幸福悖论”。后来鉴于其他学者在更多的经验研究中发现经济发展和幸福感的正面关系，并对幸福悖论提出了质疑，伊斯特林在 2010 年修正了幸福悖论，即从短期看，经济发展和主观幸福感可能存在相同的上升或下降趋势，但从长期看，经济发展能够提高幸福感的空间有限，当一个国家的主观幸福感受经济发展影响而上升到一定程度时，它可能出现停滞或下降状态。[②] 他还进一步指出，经济或收入以外的因素，比如基本人权、环境状况、失业与通货膨胀等，会显著地影响个人的幸福水平（Easterlin，2003）。因此，由经济发展带来的获得感并不与经济发展速度或者经济发展总量成正比关系，获得感与基于文化、经济、制度之上的物质、安全、能力、公平、尊严等主观感受息息相关。

最初的发展概念是由经济学家提出的，用于区分“增长”的概念。发展

① 李胜会、邓思颖：《经济发展决定了社会福利水平的区域差异吗?》，载《中国公共政策评论》，2020（1），150—177 页。

② Easterlin,R. “ Diminishing Marginal Utility of Income?ACaveat Emptor ” , Social Indicators Research. 2005.

不等于增长。经济增长是指社会财富的增长、生产的增长或产出的增长，也就是指工农业生产总产值的增长，或社会总产值的增长，或国内生产总值的增长，或国民收入的增长，等等。而经济发展则是指随着经济的增长而发生的社会经济多方面的变化，后者所包括的指标内涵更具综合性。虽然发展的概念最先产生于经济领域，但是随着发展研究和发展实践的深入，发展概念本身的界定不再仅仅限定于经济生活领域内。1957 年，瑞典发展经济学家缪尔达尔（Karl Gunnar Myrdal）给“发展”下的定义，摆脱了以往发展理论仅仅把发展理解为经济生活“内部自行发生变化”的定式。他指出：“‘发展’意味着从‘不发达’中解脱出来和消除贫困、实现现代化的过程。”①“发展理论不仅包括经济发展理论，也包括社会发展理论。社会发展理论视野中的发展，是社会整体现代化的过程，发展标识着与从相对贫穷的乡村农业状态向富裕的都市工业状态的社会运动相联系的社会、经济、心智、政治和文化变迁的总过程。”②“它意味着‘良性’的成长和‘可欲’的现代化。”“它是一种循序渐进的运动，是一种朝向更经济化的‘先进’社会形式的运动，是欠发达社会的现代化过程以及伴随这一进程并作为根本目标的欠发达社会的人们摆脱贫困、获得美好生活的过程。”③对于发展的概念和内涵，需要明确以下几点。

首先，发展并不等于进步。人类社会的发展，它的每一个进步都是有“代价”的，只有当所获取的价值与所付出的代价内在统一时，发展才是进步。价值和代价的统一至少包括两个方面：一是价值和代价的承载主体的统一，即谁获得发展的好处，谁就承担发展的代价，而谁付出代价，谁就应当获取价值；二是价值和代价的等值，即人类在发展中获取的价值与其为发展所付出的代价是等价的。事实上，在发展的实践中，代价与价值的主体常常是不一致的，也就是说，获取并占有价值的不一定是付出代价的人们，“资源型地区的发展通常的结果是财富是全球的，灾难是地方的”④。而且，人类生活环境及其文化的变迁为每一个

① ［瑞典］冈纳·缪尔达尔：《经济理论和不发达地区》，王冠华等译，124 页，伦敦，达克沃斯出版社，1957。

② ［美］萨缪尔·P. 亨廷顿：《变化社会中的政治秩序》，王冠华等译，145 页，上海，上海人民出版社，2008。

③ 庞元正、丁冬红：《西方社会发展理论新词典》，“前言”，长春，吉林人民出版社，2001。

④ ［波兰］齐格蒙特·鲍曼：《流动的现代性》，欧阳景根译，31 页，北京，商务印书馆，2000。

进步所付出的代价常常是昂贵的，有的时候这种代价远远超出了所谓进步给人类带来的好处，在这种情况下，一个进化的过程可能同时就是一个退化的过程。

其次，发展过程和目标的重新理解。一个社会的发展应该是组成这个社会的人的发展，而且这里的人不是抽象的而是具体的、不是少数人而是社会中的绝大多数。如果将发展简单理解为社会要素的总量增长即社会更加富裕，理解为一种朝向更经济化的“先进”社会形式的运动，而忽略人的主体地位，忽略人本身的发展，忽略发展的目的是让更多的人获得更好的生活，那这种发展的行为就是值得商榷的。

同时，意识到问题并将它提出是一回事，对问题的解决人们还远远没有做到。一方面，研究者在理论上缺乏根本框架的突破；另一方面，研究者和发展实践的指导人缺乏对问题本身的进一步追问。因此，对于研究者来说，迫切需要对发展问题进行批判性反思，并且构建全新的有关发展问题的解读框架，以求对发展过程和目标的重新理解，进而建构一个对发展问题具有解释力并且能够真正指导贫困地区发展的论证框架。对于发展实践的指导人来说，不仅需要对上述研究成果给予关注，更需要对当地社会、文化，特别是人本身的发展给予真正的关注。研究发展抑或是指导发展，关键都是要将人——该地区发展主体的当地人置于发展的中心地位，使发展始终围绕他们展开，并成为他们自身的发展。就像联合国发展计划署《1992 年人文发展报告》指出的那样：“人类发展是一个广泛的、全面的概念。它包罗所有发展阶段所有社会中的所有人类选择。它把发展对象扩大为不仅仅是讨论手段（国民生产总值增长），而是讨论终极目的……它使发展围绕人的中心，而不是使人围绕发展的中心。”[①] 因此，在扶贫政策所带来的贫困群体的获得感研究中，贫困人群的整体发展是应该被关注的。

以人为中心的发展追求，尽管有许多具体而且不同的目的，但是从本质上看都是为了使人们过上“美好生活”的追求和创造。这里还有两个问题需要解决：

其一，人们对于所谓“美好生活”有不同理解。从最一般的意义上看，发展对当地人来说至少应该包括以下目标：拥有更多更好的生存物品；得到所期望得到的尊重；摆脱来自自然环境、外部社会、内部体制、因不合理的经济和

① ［美］德尼·古莱：《发展伦理学》，高铦、温平、李继红译，43 页，北京，社会科学文献出版社，2003。

社会制度安排而受制于他人等方面的束缚和压抑，获得更多的自由。不过，这些目标总的来说还是有实际选择层次的，也就是说它本身并不解决“什么才是更好的生存物品”“人们究竟期望一种什么样的尊重”“什么样的东西让当地人感到束缚和压抑”“对于当地人来说上述目标孰轻孰重”这一类更具“意义”的问题，而这类问题与人们的文化认同和意义世界密切相关。因此，发展其实是一个深层次的价值观问题、一个文化问题。价值观的不同、文化的差异，使得发展问题变得扑朔迷离。文化差异的确使得人们关于“发展的目标是什么”或者“是否发展”的问题具有相对性，但这并不等于人们在实用层次上没有取得一致，比如发展是“拥有足够的物品以便生活得更好”，应该是一种共识。无论人们怎样理解发展的意义，真正的发展首先都应该体现这样的原则：发展必须是让当地人拥有足够的生存物品。虽然物品的富足未必等于美好的生活，但物品匮乏以致无法维持基本生存时，是不会有所谓美好生活的。如果我们承认价值的多元化和文化的差异性，当我们去回答“是否发展”问题时，无需忌讳运用外部价值观作出判断，只是“当我们发表自己的价值观判断时，应该允许其他文化与价值观领域的人们以他们赞同的思想表达不同的接受程度”[①]。因此，评判贫困地区的脱贫效果，不仅要用外部的眼光和标准去审视，还应该结合当地人的感受和认知去评判。

其二，发展的延续和长久。真正的发展应该体现这样的原则：发展是一个社会的整体提升，而不是少数人或者部分人的福利；发展的好处要惠及社会中的每一个人，特别是惠及那些由于某种“先天的”因素而处于“最少受惠者”地位的人们，只有当发展的好处惠及当地社会中的每一个人，至少是绝大多数人，发展才是本土社会的人的发展。因此，地方发展的标志应该是当地绝大多数人真正获得了发展的最大利益。但是当地人如何才能获得发展的最大利益呢？除了要有公正的制度安排这样的前提条件外，更重要的是当地人必须具有自我发展的能力，即发展的内生力。这是地方发展的根本所在，也是地方文化成熟的体现，更是地方可持续发展的基础。也就是说，地方发展的关键在于当地人发展能力本身的发展，用阿马蒂亚·森的话说就是人们的“可行能力”——

① ［美］德尼·古莱：《发展伦理学》，高铦、温平、李继红译，46页，北京，社会科学文献出版社，2003。

过自己愿意过的那种生活的能力的发展。[①] 这种能力我们可以理解为一种“文化能力”。文化包含了一个地域性人类共同体所拥有的基本生存方式、价值体系、信仰、习俗、认知结构和心理结构，以及他们的日常生产、生活方式。在这个意义上，文化能力即人的社会生存方式和发展能力。这种方式和能力从根本上决定了其对发展目标和内容的选择，决定了他们对发展道路和方式的确定，也决定了他们的“可行能力”。因此，文化发展是贫困地区社会和当地人可持续发展的核心内容，发展的内核是文化制度及其行为模式的改造与重构。

综上所述，如果真的以人——贫困地区的当地人的发展作为贫困地区摆脱贫困和社会发展的根本目标，最根本的问题应该是人的可持续发展。由于文化与具体的历史的人具有同一性，发展还包括当地人的价值观、生活方式、行为和心灵结构等的发展，这是他们“价值观和新文明的创造”[②]，是其地方性、草根性文化的自我发展。勒布雷特把这个意义上的发展描述为：“一个特定人群及构成它的所有近邻人群单位，以可能的最快节奏，以可能的最低代价，并考虑到存在于或应该存在于这些人群与近邻人群之间的团结纽带，从比较少人道向较多人道阶段的一系列过渡。”[③]

福利经济学与发展理论充分证明，人的获得感（幸福感）多少并不与物质获得呈现完全的正相关，物质发展在满足了人的基础需求之后，获得感的多少与人的可持续发展及全面发展呈现更强的关联。

第二节　乡村旅游精准脱贫户获得感的影响因子分析

贫困是生活在这个区域的人，因为自然、社会、经济、身体、心理等原因

① ［印度］阿马蒂亚·森：《以自由看待发展》，任赜、于真译，53 页，北京，中国人民大学出版社，2002。

② ［美］德尼·古莱：《发展伦理学》，高铦、温平、李继红译，6 页，北京，社会科学文献出版社，2003。

③ ［美］德尼·古莱：《发展伦理学》，高铦、温平、李继红译，6 页，北京，社会科学文献出版社，2003。

赚的钱不够维持基本生活，甚至没有收入。乡村旅游精准脱贫通过发展乡村旅游，让一部分贫困人口获得收入来源，从而摆脱贫困，具有经济学意义。而经济学虽然研究效率和理性，但是同样不能忽视公平和人性。

一、文化制度影响经济增长

发展乡村旅游带来经济增长，乡村旅游精准脱贫在经济层面上主要体现为贫困户的收入增加和贫困地区物质总量的增长。如前所述，收入的增加并不与获得感多少呈现完全的正相关，经济增长的速度也并不完全与体验到生活水平上升的增长（即发展带来的获得感）的人数成正比。所谓“扶贫不如扶智”，物质获得容易量化，而体现在“扶智”层面上的文化和制度深刻影响着经济增长，却很难量化。

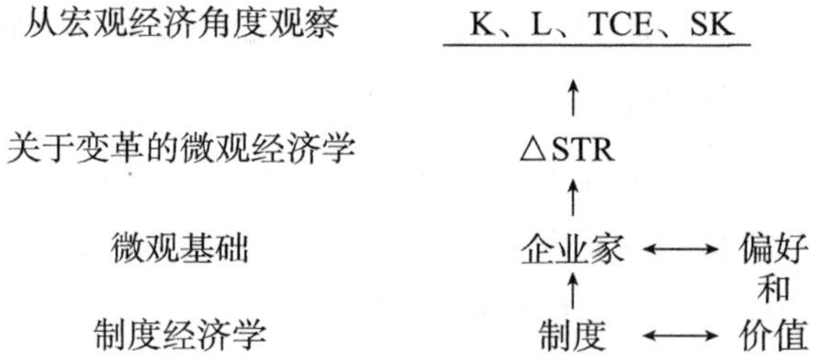

图 3–1　经济增长的条件

制度对经济增长的影响研究也一直是学界研究的热点。“从一种失败了的制度体系混乱地转向另一种社会经济秩序的经验确凿地说明，高生活水平不会自动产生，他们依赖于协调经济博弈的规则。”[①] 经济增长是一种复杂的现象，20 世纪 70 年代以前，经济学界将经济增长的核心因素归纳为资本（K）、劳动（L）、技术（TEC）、人力资本（SK）、自然资源（NR）和经济结构变迁（△STR）。在 20 世纪 70 年代，受约瑟夫 · 熊彼特思想的影响，企业家（E）在经济进步中的重要作用得到了经济学界的逐渐认可。在此过程中，制度以及

① ［德］柯武刚、史漫飞：《制度经济学》，韩朝华译，15 页，北京，商务印书馆，2000。

支撑相互信任的制度框架作为激励企业家保持敏感和从事创新的背后机制也被提了出来。鉴于制度对于企业家才能发挥和经济增长的重要性，制度体系和价值体系——制度与文化，也被纳入了经济增长的影响因素范畴。特别是20世纪90年代以来，随着经济全球化的不断加深，有形要素移动的速度越来越快，规模也越来越大，文化的重要性不断凸显，以价值观为核心的地区文化成为了区域经济竞争力的源泉，文化和制度更进一步地进入了经济学的研究视野。[①]也正是在这样一个发展过程中，研究经济增长的宏观经济学与研究结构变迁和企业家行为的微观经济学与研究动机和制度约束的制度经济学联系了起来。换言之，在研究经济增长的条件时，以“资本”为核心体系的经济学与以“价值、偏好和关系”为核心体系的社会学联系了起来，其中，制度是促成各种文化因子与经济增长相协同的根本因素。

人类的交往行为，包括经济生活中的相互交往，都依赖于某种信任。信任以秩序为基础，而要维持这种秩序，又必须依靠各种禁止不可预见性行为和机会主义行为的规则，这种规则就是“制度”[②]。所有的人际交往都需要以一定程度的可预见性作为保障。当人们受制度约束时，个人的行为就可预见。经济行为不可能在真空中进行，行为博弈对经济增长的速度和共同体成员的幸福感及获得感指数都有着显著影响。

综上，获得感分析框架应放在经济学、社会学、心理学的总体框架中去建构。

二、乡村旅游精准脱贫户获得感的影响因子分析

获得感是基于“得到”而产生的心理感受，表现为物质和精神两个层面。脱贫户的获得感是贫困人口获取物质利益而产生的满足感，也是对生活质量的整体型评估。获得感与幸福感的差异在于，幸福感表现为个人的主观感受，而获得感表现为物质获得基础上的主观满意程度，包括客观所得与主观所感。因此，架构乡村旅游精准脱贫户的获得感研究框架需要考虑研究对象的经济获

---

① 高波：《文化成本与地点竞争优势——对世界制造中心转移的文化经济学分析》，载《南京社会科学》，2005（11），1—8页。

② ［德］柯武刚、史漫飞：《制度经济学》，韩朝华译，3页，北京，商务印书馆，2000。

得、社会获得和心理获得，具体表现为通过政策支持、经济扶持、社区依附、社区关注，脱贫户得到公平与自由、知识与能力、物质与成本、保障与尊严、秩序与安全等方面的主观感受。其感受包括正面感知和负面感知两个方面。经过正反感知较量，得到贫困户的综合感知度，最终表现为对社区发展和乡村旅游的支持。

（一）公平与自由

经济学认为，经济交往中绝大多数人都追求某些普适性的基本价值：个人免受恐惧和强制的自由、公正和正义、安全、和平、繁荣（经济福利）、宜人的自然环境和人工环境。这些都是普遍的，几乎所有的文化群体都将这些置于优先地位，人们的个人化愿望都从属于它们。这些基本价值支撑着文化群体间的结合，巩固了社会结构和制度根底。只有人类共同的价值目标才有助于协调人，追求绝对的、与人类共享价值无关的客观目标，将无法达成社会结构的有效结合。尽管对特殊意愿的追求永远要受制于多重价值间的权衡，短期内在追求共享价值时不可避免地会出现冲突，但是如果一个人能够着眼于长远，依赖制度而不是任意的特殊干预，冲突是可以被缓和的，甚至还能被转化为互补。研究这些共同价值如何影响人类行为对于探讨贫困与反贫困进程中个人获得与经济发展中的行为博弈有着重要的参考价值。就乡村旅游脱贫政策而言，这一点也具有重要的实践意义，即着眼于长远，并在一定程度上容忍短期冲突，有助于避免冲突并更好地实现贫困地区人们的共同愿望。基本价值本身并不是抽象的目标，它们永远固定于个人的愿望之中，它们绝非一些能与个人所需事物相分离的社会目标或共同体目标，也绝不能光由统治者所需要的事物来代表。它们的意义永远取决于一个共同体内至上的、形形色色的人所普遍给予高度评价的事物。因此，个人的人类价值实现永远是评价制度和公共政策是否适宜的准则。①

自由是一个人在其拥有的领域自主地追求其自设目标的机会，这些目标是他自己在不受干预的情况下设定的。但个人自由要受制于他人自由，自由意味着没有强制的威胁。公正分为程序公正和社会公正：程序公正是指个人和权

① ［德］柯武刚、史漫飞：《制度经济学》，韩朝华译，84—109页，北京，商务印书馆，2000。

力机关对相同的事件平等对待，以及对所有人按统一标准（而不是根据个人的立场或所从属的特殊集团）施加管束，它是法律面前平等这一原则的基础；社会公正定向于人类交往的结果平等，其目的在于拉平收入、财富和其他人类交往后果上的差异。社会公正和程序公正存在冲突，社会公正会动摇程序公正和自由，削弱竞争和业绩激励。短期来看，扶贫政策的公益性更多方面从属于社会公正，而乡村旅游产业的逐利性则更多从属于程序公正。但是长期来看，冲突是可以被缓和的，甚至还能转化为互补。平等是人人都应有权获得相似的机会，与公正相关。这一点对于乡村旅游扶贫中精准脱贫户的获得感研究有重要的理论价值，精准脱贫政策的直接获益者为少部分政策内的贫困户。对于非精准脱贫户而言，从短期来看，可能没有直接的物质获益，但是从长远来看，仍然获得了政策红利。安全与相信人们能在或远或近的未来享受到自由的信心相关，不用担心民间主体或集体主体横加暴力干预的自由。制度在有些情况下往往会遏制任意行为和暴力行为，并因此增进他人的安全。和平与暴力冲突相对应，是指既没有源于共同体内部的暴力和冲突，也不存在来自外部的暴力和冲突。经济福利或繁荣与满足易增长的人类物质需要的产品和服务的可获得性有关，它以某种形式对有形的物质进行重新配置和组合，让物质分子得到有效的配置，从而获得更高的价值。经济系统通过创造性的知识开发，使得区域内部人们的生活标准得到不断的上升，特别是实际人均收入的上升。经济福利的增长往往与宜人的自然环境和人工环境对立起来研究，环境工作者大多认为环境的保护需要遏制不断上升和扩散的繁荣。笔者认为，经济增长是在开放的系统之中，实际上，环境的恶化不能完全怪罪于经济的增长而更应该归咎于制度和公共政策的不完善。

（二）知识与能力

经济学认为，导致信息和资源稀缺的关键性问题是人类的无知，而交往却能克服这种无知。在整个共同体的人群当中，各种有用知识总是散布其间。认识论的一个核心原则是，知识不是一个静止的概念，人类的绝大部分知识都是来自于与他人的相互交往以及思想和资产的交换过程中。虽然在获取和评价新信息并将它并入知识时，人只具备有限的资源、能力和时间，但是通过人际交往，人们通常能够运用自己的知识和所能发现的他人的知识来进行知识生产，从而达到其自设的目标。在乡村旅游产业发展的同时，乡土社会开始作为一个开放的社区接受着外来文化和外来者的进入，乡村旅游产业带来的经济红利获得度与从事乡村旅游经营者的知识和能力密切相关，一部分乡村精英脱颖而出。社会的适应性变革使人类的知识也进行着适应性调整。新知识经常产生于边际性适应和既有知识的变化。人们在相互交往时会创新很多的新知识，只是这些新知识并不同时指向“进步”。人类知识中有两类知识：一类是可言传知识，一类是非可言传知识。非可言传知识只有通过边干边学的实践才能恰当地获得，往往高度专业并特定于某一地点、环境和时间，是正规的、琐碎的知识。其中，诸如技能等特定知识通常是在实践中靠模仿各种惯例进行代际传承或在不言而喻的默契中形成。对于这样的“非可言传知识”我们称之为“诀窍”。在乡村旅游产业中成长起来的乡村精英通过吸收贫困户就业的形式带动着贫困户的共同致富，而贫困户在学习过程中其成长程度则与其自身所具备的知识和能力密切相关，乡村精英对贫困户的带动效用除了扶贫政策引导以外，与基于社会网络和交往行为上的知识生产也密不可分，在脱贫过程中的福利获得感自然也存在差异。

知识生产的过程并不是一帆风顺的，交往行为受着一系列机制的牵引。这种行为机制表现为：

首先，人们与他人的交往受制于对未来的不确定和对他人的不确定。人们虽然对未来不确定，但是又必须揣测未来以便行动，在这种情势下，人们通常会选择具有较少不确定性的对象和获得鼓舞信心的帮助。同时，人们在了解资源、潜在交易伙伴以及它们的精确特征上也具有横向不确定性，特别是当需要让别人为他们做事时，他们常常不清楚对方是否忠诚可靠。在这种情势下，人们的相互交往和合作就会不断地在“保守天性”和“尝试天性”之间来回转换。保守天性要保留其与他人共有的熟悉知识，而尝试天性则要探寻新思想并推翻熟悉的、与他人共有的知识。在乡村旅游产业发展过程中，外来文化与本土文化不可避免地发生碰撞，人们交往过程中的知识交换在“保守天性”和“尝试天性”间的转换频率明显加快。

其次，交往中的行为决策来源于人们的认知，而认知则来源于知识。人们对于事物的认知是根据个人感觉对现实进行的无形的建构和重构。认知以几乎难以觉察的方式在思维过程中运转。人类头脑中就现实所构建的认知受着文化经验和社会经验的左右，从而使得不同的人对外界事物会产生不同的理解。文化经验和社会经验影响着个人的认知活动，这一点使得不同文化群体内的成员在交流上会产生困难和障碍，因为有很多“心智映像”不是他们所共有的。同时，认知影响着人们的决策，即在各种可选方案中作出选择。为了作出合理选择，人们必须首先了解各种可选方案。这时，信息的问题就被提了出来。个人在获得信息之前，不可能完全了解获取某类信息的预期成本和收益，也不可能从尚未到手的新知识中获得最大化的收益。因此，在这种理论前提下，乡村精英的成长道路并不像我们所规定的那样，必须选择经济利益最大化的方向。他们的成长过程具有很多的不确定性：第一，传统的文化经验和社会经验使信息选择受着个人喜好和个人经验的引导，从而导致信息的来源具有不确定性；第二，其成长的过程受着“理性选择”和“习惯模仿”的左右。经济学认为，虽然存在着对未来和他人的不确定性认知，但是为搜寻有用知识而付出了成本的人不可能对行为方向和结果仍然无所不知，只是在选择的过程中他们不一定能作出理性选择而已。理性选择存在着三种方式：目标——手段理性、有局限的适应性理性和企业家式的创新理性。所谓“目标——手段理性”是当行为主体为自己设立了确定的目标或其他人为他们设立了某类目标时，人们可以运用可用资源和技能去充分地实现那些目标。而“有局限的适应性理性”却与追求绝对目标不同，人们会在行为的过程中逐步发现什么是他们能够争取的，并以一种适应性方式来合理地驾驭其实现目标的努力。“企业家式的创新理性”是当个人行动发生于创新动机和企业家动机时，人们打破制度限制，比如违反传统和习惯而从事某种经济活动的行为方式。同时，人类行为也并非完全的理性，部分行为也会由习惯来协调。人们会在某种团体内，单纯地按照某种习惯模式去模仿他人。正是由于理性选择和习惯模仿的存在，人们常常感到很难坚定地执行其预设的目标和愿望。在行为过程中，他们的愿望会逐步变化。如果他们经常受挫，就会从其向往的目标上后撤，如果目标被轻易达到，他们就可能变得更有雄心并开始追求新的目标。

再次，由于人们通常从属于众多相互重叠的集团、联合体和社会网络，而这些集团、联合体和社会网络又都处于不同制度的控制之下，因此个人行为还会受着某种“动力机制”的作用。在原则上，有三种途径能使人们为他人的利益而努力：第一，会出于爱、团结或其他各种利他主义而努力；第二，受到胁迫，胁迫者使用暴力相威胁而迫使他们为其服务；第三，出于明智的自利动机，按其自己的意志行动，因为他们预期这样的付出能获得充分的回报。第一种机制通常在小群体的部族内有效地发挥作用。在小群体内，个人对他人有较好的了解，人与人之间的相互信任和相互控制能因人际间的彼此了解而变得相对柔性。而后两种机制则通常在大群体内发挥作用。这是因为，大群体内的协调需要涉及众多的人，而且无人能拥有全部特定知识并有能力靠指示性命令去控制群体内的每一个人和每一件事，人际间的协调更加依赖于一般化的正式制度。在大群体内，个人可以独立运用可用知识和积累新知识的体制保障是区域经济增长的核心，这类体制的建设需要诉诸自我利益和依赖自愿行动的激励机制，这类行为所导致的后果往往是人们自私地追求自己目标的意外副产品。随着乡村旅游的进一步开展，乡土社会中的人际交往机制必然会由第一种机制朝着后两种机制变化，人们在经济福利获得和社会进步中的主观感受不可避免地受到变化的人际交往机制影响，这时适应性的体制建设就显得尤为重要了。

（三）物质与资本

乡村旅游业发展过程中，乡土文化和农业产品活化成为了交换市场中的旅游商品，乡土社会由过去的相对封闭走向开放，也成了个人、团体和机构展开激烈竞争的空间，政府、经营者、团体、个人等各类利益相关者都成为了活跃的因子，各自追求着自己的发展目标。其中，经济福利和物质获益无疑是各个利益集团所共同追求的，在物质利益驱动下，乡村经济整体上都是向前发展的，也呈现了在不同利益主体主导下的多种乡村旅游发展模式。由于逐利方向的不一致，在不同的发展模式下，贫困户的物质获益必然存在差异，在相对封闭的乡土社会，社会网络结构非常紧密，物质增加的差异对精准脱贫户的获得感具有直接影响。

同时，除了简单体现在收入增加上的福利获得差异，人际间的交往行为还会产生交往成本，在经济活动中人的获得感指数受到人际交往成本大小的影响。人们之间的经济交往作为一种大群体内的市场化行为，需要建立各种体制以协调众多参与者的行动，并激励他们去做满足他人（通常是不认识的人）所期望的事情。而法治则为所有竞争者定出非个人的普适性约束，这些约束不可避免地会产生相当的协调成本。在市场化的经济活动中，协调活动和控制活动的成本主要集聚在市场活动中的个人以及在市场交往中的各类主体行为之中。市场中各个交往主体行为的总成本中，总会有一大部分来自于内部组织管理、市场调研、技术研究和开发、采购和销售、借贷、获得和运用法律建议等交往和协调活动中。适应性的制度有利于节约这些交往和协调成本。产权是制度经济学中的核心概念，是处置和运用资产的各种权利，包含了文化资源和物化资产。当文化作为一种资源参与经济交往时，文化因子就成为个人和群体的特有资产。

经济学认为，人们在保有产权并不将其用于交易时，首先要支付各种“排他成本”（exclusion costs）。如果人们将多项产权结合起来积极运用并与他人进行产权交易时，就会发生“协调成本”（coordination costs）。当人们的交易行为是在市场环境中进行，各个独立的主体自愿承担各种契约型义务并履行这些义务时，就会产生“交易成本”（trading costs）。而与之相对的另一种选择是，人们也可以通过将他们自己或他们的一些产权结合进一个组织的方式来运行其资产。在这种情形下，建立和运营一个组织的成本即为“组织成本”（organization costs）。当政府作为外部力量参与进市场活动中时，它在运用其所负责的外在制度上又会产生代理成本（agency costs），这些成本通常由公共税收来支付。同时，在政府、企业团体和个人之间，集体行动的协调总是会要求运用或保有产权的个人付出“服从成本”（compliance costs），这样的成本多由个人和企业个体来承担。人们的经济活动所产生的交往行为总是在平衡这几种成本的条件下顺利运行。在不同的情势下，人们对各种成本的重视程度并不一致，而不同的重视程度也直接导致了个人在行为中的获得感存在差异。综上，个人在物质获得中的获得感程度不仅仅表现为收入的增加，而应该综合考虑收入增加与人际交往成本的协调度。

（四）保障与尊严

制度是共同体内众所周知的规则。根据制度产生方式的不同，可以分为内在制度和外在制度。内在制度是群体内随经验而演化的规则，而外在制度则是外在地设计出来并靠政治行动自上而下强加于社会的规则。内在制度的实施大多源于自愿性协调，而外在制度给个人预留的余地就小了很多。内在制度包括四种类型：习惯、内化规则、习俗礼貌以及正式化内在规则。其中前三种类型属于非正式制度，既是个人偏好又是约束性规则，它能促使人们免受本能的和短视的机会主义之害，减少人们的协调成本和冲突。第四种类型属于正式制度，它以正规的方式在一个群体内发挥作用并由第三方以有组织的方式强制执行。内在制度并不出自于任何人的设计，而是源于群体内千百万人的互动，它服从渐进的演化规则，具有某种灵活性趋势和连带趋势，允许群体根据具体的实践和被大多数人认可的情况进行试验和重新解释，并具备某种按具体环境定制贴切解释和惩罚措施的能力，在群体整合性的保持上起着“文化黏合剂”的作用。大卫·休谟和亚当·斯密都强调，社会的制度框架和经济活动必须以演化的内在制度为基础，有意识制定的、立法通过的规则，以及经过政治过程决议制定的制度构架，都必须以内在制度为基础。① 与横向运用于平等主体之间的内在制度不同的是，外在制度具有自上而下的纵向等级制，它们由一个主体设计出来并强加于共同体内，这个主体高居于共同体本体之上，具有政治意志和强制实施的权力。外在制度分为外在行为规则、具有特殊目的的指令和程序性规则三种类型。外在行为规则由普适性的禁令规则构成，多包含于民法、商法之中。具有特殊目的的指令多指示公共主体或民间主体行为预定造成的结果，这类制度多包含于成文法中。程序性规则在促进政府主体间的内部协调上是必需的，它多包含于公法之中。外在制度的建立有利于节约人们的信息成本，限制个体行为的任意性和偏向性，监督和控制从业者的暴力行为，使人们之间的契约和承诺变得更具信赖性，防止“搭便车”“公地灾难”等现象的出现，摒弃交往中的内部人和外部人区别以实现区域规模经济。

根据制度的构架方式，又可分成指令性制度和禁令性制度两大类。指令性

① ［德］柯武刚、史漫飞：《制度经济学》，韩朝华译，北京，商务印书馆，2000。

制度精确地指示人们为实现特定的目标应采取什么行动，禁令性制度禁止人们采取某些难以被群体接受的行为。在这两种制度的共同作用下，人们的行动得到了协调。制度保护着个人的自主领域，保护着个人自由，同时也限制着个人自由。比如对于个人所得，制度确立了个体有自由运用个人所得的权力，但是也用经济竞争的方式对个人所得施加控制。正是这两种制度的共同作用，才使得制度具有缓解个人间和群体间冲突的功能。在冲突发生之前人们可以用能够预期到的惩罚规则来防止冲突，在冲突发生之后也可以运用先前协商好的可预见的方式来裁决冲突。有效的制度具有普适性、确定性和开放性，不会对个人和情景实施差别待遇，同时又允许行为者通过创新行动对新环境作出反应。

合理的制度结构是内在制度和外在制度、指令性制度和禁令性制度的有效结合。制度是人类选择和学习的“外在支架”，能够帮助促进人类行为的可预见性，防止混乱和任意行为。依靠恰当的制度，能够减少经济交易之间的合作成本，也能够更有效地促成经济活动中的劳动和知识分工。制度对人类行为的约束是人为的，而不是自然的，所有的人际合作都需要有制度框架来约束。合理的制度框架能阻止行动者逃避义务的风险，增强互利合作的习惯，抑制机会主义。比如在乡村旅游经济活动中，“囚徒困境”经常会出现在经营商之间的竞争中，他们通常采取价格竞争策略赢得客户。这个时候，信任对于陷入“囚徒困境”的经营商就显得非常的重要，而制度则是巩固这种信任的基础。制度作为一种“生产性”资本，有助于减少人们的“远期无知”，使相互交往的个人能够承受实验的风险，对市场机会保持敏感，并激励人们富于创造性和企业家精神，鼓励他人提出自己的新思想，从而提高社会的劳动生产率。在社会运转过程中，只有当人类的行为被稳定化，才可能增进知识和劳动的分工，促进经济增长。

（五）安全与秩序

如前所述，制度作为人们交往的行动规则并不是被单独地遵守着，而是以一个相互支持的规则群的形式向行动者产生约束。制度是一个规则系统，它影响着实际世界里的现象系统。制度经济学给了制度系统、行为系统与经济系统一个合理的解释框架。

首先，在宏观上，制度经济学着眼于实际世界里的规则序列，从规则系统的角度来考察经济系统，认为经济系统是一个复杂的演化系统，其中千百万人高度多样化的不同特征相互作用并导致经济系统发生演化。但是，在这个演化过程中，各种各样的参与者并不是在混乱中运作，而是参照一个制度系统有规则的运动着，展现了有序的交往模式。引导经济决策者行为的制度系统由一个从一般规则到具体规则的层级结构组成。

制度层级结构图显示，当一个共同体的内在制度和外在制度相冲突时，所有的外在制度都需要符合社会的内在制度（有些体现在习惯法中），以确保这些制度对人的行为具有规范性影响。习惯法是共同体内一些根深蒂固的制度和价值的代表，所有层次的制度都需要与共同体社会的习惯法相兼容。只有与共同体内在制度相协调的外在制度才能使受制度约束的人感到安全，才不至于发生制度执行的功能障碍。

其次，在微观上，制度经济学着眼于研究制度秩序与现实中经济行为秩序的关系。经济活动中的人类行为秩序有两种：目的性秩序和自发性秩序。如果可预见性行为结果的出现与行动者有目的的意愿无关，完全是个人行动的副产品，这种行为就是自发性的，被称之为“自发性秩序”，规范这种秩序的手段是共同体内的成员都承认并服从的共同制度，行为过程以间接的自发自愿的方式进行；与之相对的是“目的性秩序”，即在相互交往过程中实现预期结果的有意识行为，规范这种秩序的手段是人为的指令性计划，行为过程以直接凭借外部权威的层级结构方式来进行。哈耶克突出了自发性行为秩序与目的性行为秩序作用于制度秩序的差异。

两种制度秩序与不同群体内的价值系统、态度和行为方式相对应，因此，一个计划好的目的性秩序转向一个开放的自发性秩序并不是件容易的事（Hayek，1998）。与每一种秩序相联结的行为习惯强化着不同的人类行为特征。当一个社会的成员服从于一种特定的层级式社会秩序时，他们会操练并学会一些与之相适应的品格。这些品格强化着群体内部的社会规范，而社会规范又强化着既有的社会秩序，使其成为群体社会共同文化的重要组成部分。美国社会学家简·雅各布斯（Jacobs，1992）对这两种制度秩序里的行动者品格和行为特征编制了一个表（表 3-1）。

表 3-1　封闭秩序与开放秩序中的行为特征 ①

计划性封闭秩序：（维护性道德特征集）	
避免贸易	发挥超常能力
要求顺从和接受纪律	固守传统
尊重等级	要求忠诚
实施报复	允许为任务而作假
扩大闲暇	具有虚夸性
广施慷慨	具有排他性
显示坚韧	认可宿命
珍视荣誉	
自发性开放秩序：（商业性道德特征集）	
避免强力	达成自愿协议
要求诚实	易于同外人合作
竞争	尊重契约
运用首创精神和进取心	欢迎创造性和新事物
要求效率	促进舒适和便利
任务而发生异议	为生产性目的而投入
要求勤奋	要求节俭
要求乐观	

来自相对封闭的共同体中的社会制度秩序大多是一个计划好的层级秩序，它要转向市场经济这样一个开放的自发性秩序，必然会面临各种矛盾和压力。

在计划好的层级式秩序中，人类活动的协调需要具备下列条件：知识的可用性和协调各种活动以获得有关信息的人的能力；领导者领会、运用和交流这类信息的能力；领导者激励各类主体努力工作并监督其表现的能力。

当这个相对封闭的共同体由于外力的作用变得开放和复杂时，个人行为所需要的知识和变革的欲望就会变得多样化。这时，制订计划并建立秩序的领导者（比如政府）在认识上的局限性很容易成为开放性社会中制度有序执行的瓶颈，而被协调的追随者（比如企业家和居民组织、个体）在理解信号并服从信号时也更多地受制于个人意愿。这时，单纯的计划性的层级式秩序已经不能很

① 资料来源：[德]柯武刚、史漫飞：《制度经济学》，韩朝华译，184 页，北京，商务印书馆，2000。

好地发挥作用，而应该换之以自发性的市场化开发秩序。

在市场化过程中，价格杠杆起着重要的作用，它调控和激励着市场交往中的人类行为。在价格杠杆的指引下，人们的行为受着盈亏信号和自利追求的引导，但是对私利的追求同时又受着普适性制度的抑制。因此，在市场化的自发性行动中，人们之间的交往行为仍然受着一定制度秩序的左右。在这个行动秩序中，人们依赖这种秩序是因为这种秩序能为交往双方提供物质利益和新机会。市场化自发性秩序中的行动者需要具备下列要求：

其一，个人知道如何搜寻和获取可能有益于其个人目的的知识；

其二，这种知识的传播是对他人有用的；

其三，能通过对可能的错误进行反馈纠正以使整个经济系统保持稳定。

尽管价格变化能通过高度简约的形式传递信息，但是市场仍然需要具有确保其有效运行的制度。这一制度必须保障参与者有受保护的产权，并相信他人会信守诺言和履行契约。因此，合理的外在制度对于市场的运行也是至关重要的。①

综上所述，在经济系统中，无论哪一种行为秩序，都会受着人为的、被协调的制度和自发的、演化的制度所规范，只是这两种制度在规范两种行为秩序中的程度不一致而已。乡土社会是一个小团体社会，计划好的层级式秩序密布其间，随着经济的开发，市场化的自发性行动自然是不可避免。特别是随着乡村旅游产业的深入发展，村民以及本土的民族企业、地方政府都将处在这两种行为秩序的转型与激烈碰撞之中，文化与经济正在面临着转型，而转型的过程、程度和结果我们却是无法准确预见的。因此，在这个过程中，只有建立与之适应的合理的制度系统，才能在保障文化发展的同时，有效地促进贫困地区的经济增长。

第三节　乡村旅游精准脱贫户获得感测量

获得感测量具有非常重要的意义，其结果数据不仅可以帮助了解特定人群

① ［德］柯武刚、史漫飞：《制度经济学》，韩朝华译，49—206页，北京，商务印书馆，2000。

的获得感，为政策扶持和经济支持的有效性提供有效支撑，同时也是掌握区域整体国民社会心态的重要指标。乡村旅游精准脱贫户的获得感测量将为扶贫政策、乡村旅游开发、乡村振兴政策提供有力的参考。

目前学术界根据不同的研究目标和研究对象，构建了多类获得感测量模型。苏岚岚、彭艳玲和孔荣（2016）采用Likert五分量表（获得感由弱到强分别赋值1—5分）测量农民创业获得感。李婷婷、兰岚、苏时鹏（2017）运用Likert量表比较农户在两种林权模式中的获得感差异。精准扶贫是获得感领域的研究重点。颜彩媛（2017）采用分层抽样法，整合客观获得程度、满足感、成就感、参与能力四个因子分数，对贫困大学生帮扶后的获得感进行研究。孙远太（2015）利用“社会建设与社会发展”指标数据对城市居民的获得感进行测量。黄艳敏、张文娟和赵娟霞（2017）通过中国综合社会调查项目（CGSS）数据，探究实际获得、公平认知对获得感的影响。王俊秀（2018）使用中国社会科学院——数相科技2017年社会心态调查（CASS-Matview Social Mentality Survey 2017）数据库数据对全国居民的获得感进行度量。可以发现，目前学界的获得感测量主要有两种方式：一种是在大规模测评中选取少数与获得感相近的指标数据来评估；另一种是从传统具有主观性质变量度量的研究方法中吸收经验对获得感进行测量，如大五人格、幸福感、满意度等。

笔者认为，乡村旅游精准脱贫户的获得感包括经济获得、社会获得和心理获得，具体表现为通过政策支持、经济扶持、社区依附、社区关注，脱贫户“得到”公平与自由、知识与能力、物质与成本、保障与尊严、秩序与安全等方面的主观感受。其感受包括正面感知和负面感知两个方面。经过正反感知较量，可以得到贫困户的综合感知度，最终表现为对社区发展和乡村旅游的支持。

一、获得感测量模型的建构路径

鉴于上述思考，依据乡村旅游精准脱贫户的获得感影响因子，从经济获得、社会获得、心理获得三个层面，结合公平与自由、知识与能力、物质与成本、保障与尊严、秩序与安全等五个方面，从个人因素和外部因素两个方面构建乡村旅游脱贫户的获得感测量模型。构建路径为四个步骤，分别为“确定测量模型构建方法→提出研究假设→设定指标体系→构建测量模型”。

（一）获得感测量模型的建构方法

本次测量模型借用结构方程模型（SEM），它的优势体现在：允许自变量与因变量的测量存在误差，涉及的几个因变量可以同时被处理，因子结构和关系能同时被估计。结构方程模型广泛应用于测量行为感知和态度感知，成为这一领域非常有代表性的测量方法，因此应用结构方程模型对获得感进行测量具有科学性。

（二）影响获得感的因素及研究假设

结合公平与自由、知识与能力、物质与成本、保障与尊严、秩序与安全等五个关键性感知内容，从个人因素和外在因素两个层面提出研究假设。

1. 个人因素：经济获得与社会获得

结合公平与自由、知识与能力、物质与成本、保障与尊严、秩序与安全等五方面感知内容，个人层面主要与家庭收入、思想落后、致贫原因有关。

家庭收入层面：提供给贫困群众合适的岗位，传授他们知识技能及操作手法，鼓励靠自己的双手创造财富，增加收入。

思想落后层面：根除部分贫困户等、靠、要的思想，提升文明素质。

致贫原因层面：对于因病致贫、因残致贫的贫困群众来说，靠自身的劳动能力来脱贫是不太可能的，只能通过政府发放救助金、生活补贴等福利来满足自身的生活需求。

对于以上分析提出研究假设：

（1）H2：表示个人因素与贫困户有相关性。

（2）H2A+：表示家庭收入与获得感为正相关。

（3）H2B–：表示思想落后与获得感为负相关。

（4）H2C–：表示致贫原因与获得感为负相关。

2. 外在因素：心理获得与精神获得

结合公平与自由、知识与能力、物质与成本、保障与尊严、秩序与安全等五方面感知内容，从全面建设小康社会的五个指标出发，提升人民群众的获得感、幸福感和安全感，需要从经济建设、政治建设、文化建设、社会建设、生态文明建设五个层面来测量脱贫户的获得感，这五个层面分别对应物质与成本、公平与自由、知识与能力、保障与尊严、秩序与安全。

外在因素参考“五位一体”总体布局的内容，提出研究假设：

（1）H1+：表示“五位一体”总体布局与获得感为正相关。

（2）H1A+：表示经济建设与获得感为正相关。

（3）H1B+：表示政治建设与获得感为正相关。

（4）H1C+：表示文化建设与获得感为正相关。

（5）H1D+：表示社会建设与获得感为正相关。

（6）H1E+：表示生态文明建设与获得感为正相关。

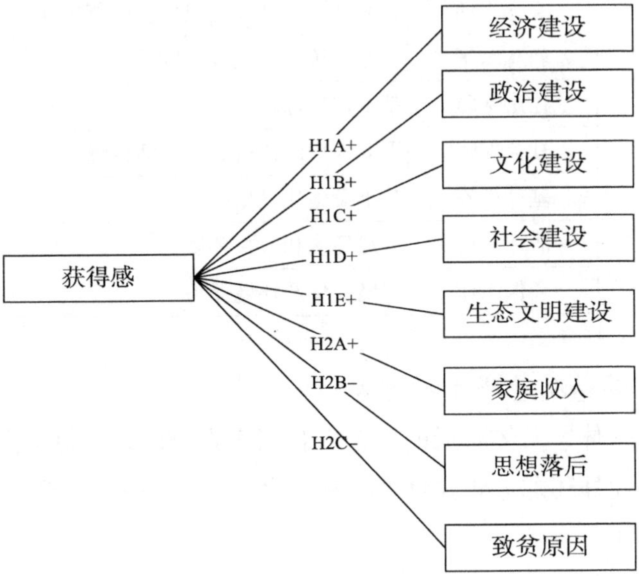

图 3–2　研究假设路径图

（三）获得感测量指标体系的建构

对各个指标设定测量变量，便于进一步构建获得感测量模型，如表 3–2 所示。

表 3-2 获得感测量指标体系

一级指标	二级指标	测量变量
家庭收入		家庭收入情况
思想落后		文化、思想方面落后的情况
致贫原因		因病、因残、缺资金导致贫困的情况
经济建设	产业发展	当地的文化产业、旅游产业发展水平
	就业岗位	就业岗位的总量及分配情况
	收入水平	结合劳动能力、工作难度等考虑收入是否合理
	物价水平	以当地的经济发展为基础，考虑物价规定是否合理
	贫富差距	考虑分配是否公平，贫富差距是否在合理范围内
政治建设	民主建设	是否乐于参与讨论，参与地方发展
	防治建设	地方政府严格执法的水平
	反腐倡廉	廉政建设的工作成效
文化建设	文化生活	是否展示当地文化风采，鼓舞民众投身脱贫攻坚
	教育水平	教育资源、质量及分配情况
社会建设	住房保障	基本住房保障
	社会保障	因老因病因伤得到的生活保障
	基础设施	基础设施建设情况
生态文明建设	居住环境	自然环境和人文环境
	环保工作	环境变化及环境保护

（四）获得感测量模型的建构

以“五位一体”总体布局的各个内容当作影响因素，每个内容设置 2 至 5 个测量变量。此外还加上研究对象的家庭收入、思想落后、致贫原因 3 个测量变量。如图 3-3。

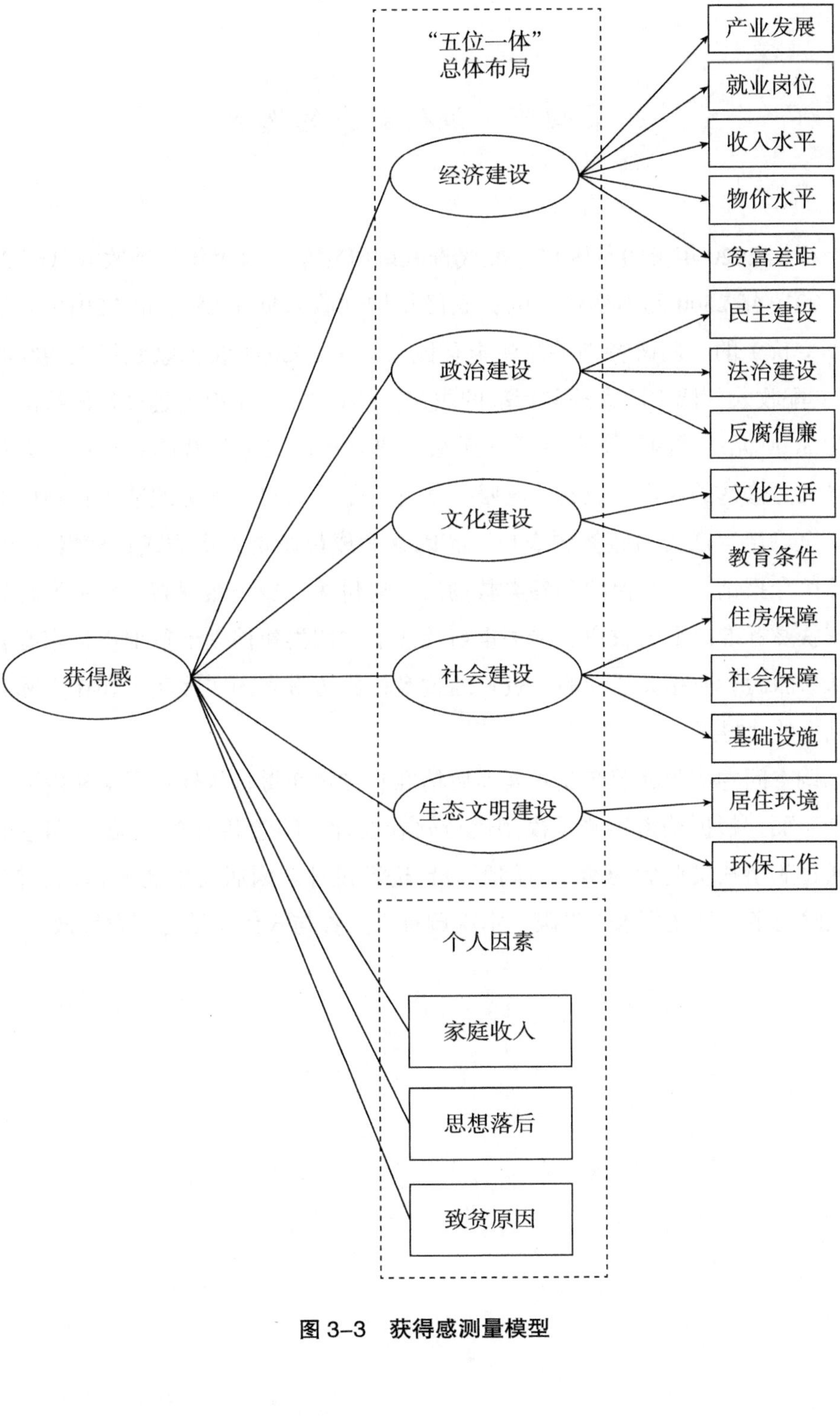
"五位一体"
总体布局
获得感
经济建设
政治建设
文化建设
社会建设
生态文明建设
产业发展
就业岗位
收入水平
物价水平
贫富差距
民主建设
法治建设
反腐倡廉
文化生活
教育条件
住房保障
社会保障
基础设施
居住环境
环保工作
个人因素
家庭收入
思想落后
致贫原因

图 3–3　获得感测量模型

第四节　调研对象的选取

根据2020年贵州贫困户标准线选取调研对象：农民年均纯收入低于3050元（2010年2500元不变价）的；农民年均纯收入低于2855元（2010年2300元不变价）的。调研特别关注建卡贫困户：①2020年农民家庭年人均纯收入（可支配收入）低于国家扶贫标准的农户，预计2020年稳定越过贫困线的年收入为3600元；②因缺资金有子女无法完成九年制义务教育的农户；③无房且自己无力修建的农户，只有一套唯一住房且是危房自己无力改造、目前已经存在安全隐患自己无力整修的农户；④因家庭成员患重大疾病或长期慢性病等，扣除医疗报销、各类保险和各类救助后，自付医疗费仍然很高，导致家庭处于国家扶贫标准以下的农户。本书重点关注上述四类建档立卡贫困户且家庭有成员从事旅游行业相关活动的脱贫户通过乡村旅游带来的实际获得和在实际获得基础上的获得感。

调查问卷按照旅游产业发展前后精准脱贫户获得感从外在因素和内部因素两个层面，根据获得感测量模型进行问卷设计。问卷共有22道题，问卷的设计通过旅游扶贫前后的两个时间段对比进行设计。因居民中老人和儿童较多，老人眼力不好且文化水平受限，本次调查入户参与式访谈结合问卷发放。

第四章　全域旅游示范区建设模式下的脱贫户获得感研究：安顺市

第一节　脱贫前的安顺市

一、脱贫前的乡村贫困现状与致贫原因

（一）脱贫前的乡村贫困现状

安顺市属于国家规划的滇桂黔石漠化集中连片特困地区。2015 年，全市有镇宁、关岭、紫云和普定 4 个国家扶贫开发重点县，占全省 50 个重点县的 8%；86 个乡镇（街道）中有 53 个贫困乡镇，占全省 934 个贫困乡镇的 5.67%（其中一类乡镇 6 个，二类乡镇 31 个，三类乡镇 16 个）；全市 1007 个行政村中有 569 个贫困村，占全省 9000 个贫困村的 6.32%（其中一类村 339 个，二类村 133 个，三类村 97 个）。2015 年，全市农村扶贫对象 34.42 万人，贫困发生率 13.9%。①

安顺市经济总量小、财力差，农村贫困面大、贫困程度深、贫困人口多、农村贫困地区自我发展能力弱，农村基础设施建设滞后、农村公共服务体系不健全，致贫返贫成因复杂、抑制返贫能力弱、扶贫攻坚难度大。

（二）脱贫前致贫原因

1. 乡村贫困面广量大，贫困程度深

贫困群众存在就医难、上学难、饮用水不安全、社会保障水平低等困难。

① 本章的安顺市人口、地理等基础数据来自《贵州省安顺市乡村旅游扶贫规划 (2015–2020)》，贵阳振旅旅游发展规划设计中心提供。

特别是重点县、一类重点乡镇以及地处边远的一类村，贫困发生率高、贫困程度深，扶贫难度大。

2. 致贫返贫成因复杂，扶贫攻坚难度大

安顺市贫困人口大多居住在深山区、石山区和少数民族聚居区等边远乡村地区，贫困问题与石漠化问题、民族地区发展问题相互交织。这些地区生态环境脆弱、自然灾害频繁，土地资源、水资源等农业资源不足，农村交通、农田水利等农业生产条件差，农村教育、医疗卫生等社会公共设施落后，农村市场发育不足，农村贫困人口自身素质较差，自我发展能力较弱，致贫因素复杂，并且因灾、因病或因市场风险的返贫压力大。这些因素相互交织，制约了安顺市乡村旅游扶贫开发的进程，减贫速度趋缓、扶贫攻坚难度增大。

3. 贫困人口收入水平低，差距大

自“十二五”以来，安顺市贫困人口人均收入实现了快速增长，但贫困人口的总体收入水平低，区域、城乡和农户间差距大。2014 年，全市 4 个国家扶贫开发工作重点县农村居民人均可支配收入 5985 元，仅相当于全市平均水平的 89.7%，而且贫困县之间农民人均纯收入差距较大，重点县中最高收入县与最低收入县之间的绝对差距 2011 年为 122 元，2014 年为 248 元。农民收入渠道不宽，收入较低，农业及外出务工仍是农民主要收入来源，农民持续增收后劲乏力。

4. 农村公共服务设施滞后，城乡差距突出

从总体上看，安顺市农村基本公共服务历史欠账多，发展缓慢，农村基础设施建设滞后，农村公共服务体系不健全，贫困地区的面貌未得到根本改善，区域差距和城乡差距突出。安顺市综合交通体系的建设发展缺乏统筹协调，交通枢纽场站建设滞后，偏远贫困乡村行路难、上学难的问题仍然存在。全市有 35.1 万农村人口存在饮水安全问题。教育、文化、卫生、体育等方面软硬件建设滞后，城乡居民就业不充分。

5. 区域规划实际投入低，达不到规划预期效果

自 2012 年国家滇桂黔石漠化片区区域发展与扶贫攻坚实施规划启动以来，2011—2014 年 12 月底，全市累计完成总投资 1446 亿元，只占纳入《滇桂黔石漠化片区区域发展与扶贫攻坚县级实施规划》“十二五”期间规划投资额的

18%。安顺市纳入滇桂黔石漠化片区区域发展与扶贫攻坚规划中的部分社会、文化、教育、卫生、医疗、公共服务、民生等项目亟待落实。

6. 扶贫投入水平低，投入与需求的矛盾大

随着国家一系列强农惠农政策的出台，中央和省级财政逐年加大了对扶贫开发的投入，但安顺市财力薄弱，投入有限，总体上扶贫开发投入水平较低，投入与需求的矛盾较大。安顺市由于自然、历史等多方面原因，贫困面大、贫困人口多、贫困程度深，贫困问题与发展问题、生态问题、社会保障问题相互交织。深山区、石山区和边远少数民族地区致贫原因复杂，连片特困地区扶贫脱贫难度大，因病、因残致贫返贫现象突出，因灾、因学致贫返贫情况时有发生，贫困地区存在留守儿童困境儿童问题，扶贫成本高、脱贫难度大。①

7. 生态环境脆弱，承载能力有限

安顺市石漠化面积达 2969 平方千米，占全市国土面积的 32.04%；水土流失面积 3535 平方千米，占全市国土面积的 38.15%。平均海拔高，气候恶劣，旱涝灾害并存，泥石流、风灾、雨雪冰冻等灾害易发。部分地区水土流失、石漠化现象严重。土壤瘠薄，发展与生态保护矛盾尖锐，产业结构调整受到较大制约。

（三）脱贫前乡村旅游扶贫面临的挑战

1. 贫困原因复杂

贫困乡村旅游发展普遍存在资金匮乏、产品内涵不丰富、品牌形象不鲜明等共性问题，普遍存在着“散、小、弱、差”的现象。一些乡村缺乏典型性、差异性和独特性的资源，近邻效应和同质化威胁明显，旅游扶贫发展面临较大的困难和挑战。

2. 基础条件滞后

多数贫困地区区位条件差，普遍存在游客进入性差、基础设施及配套设施不完善等问题，成为制约旅游扶贫的最大瓶颈。

3. 人力资本不足

贫困人口面临资本与能力不足，旅游发展参与难度更大。贫困人口不仅缺

① 《机遇与挑战并存》，载《安顺日报》，2015-12-04（4）。

劳力，更缺教育，导致其无意识、无技能参与旅游发展。

4. 协同发展困难

企业投资与精准扶贫存在目标差异，协同融合实现难度大。贫困乡村受资金、技术、人才等制约，引进企业投资发展旅游较为困难或者效益外流，产业发展的市场化运作机制与精准扶贫的公共目标属性，两者之间的内在矛盾需要找到平衡点。

5. 发展模式初级

乡村旅游发展模式未完全形成，在产品规划、建设、包装、宣传等方面还需要快速提升。主要旅游景区、景点旅游线路向乡村旅游的延伸、乡村旅游在目的地体系建设、旅游产品和市场开发、旅游经营主体培育，旅游运营模式创新、旅游管理体制改革、旅游人才队伍建设等方面与旅游扶贫的需要还有一定差距。

二、安顺市乡村旅游资源特质

（一）具有一流的区域优势

安顺市位于贵州省中西部，地理位置优越，东邻省会贵阳市 90 千米及黔南布依族苗族自治州，西靠六盘水市，南连黔西南布依族苗族自治州，北接毕节地区，距云南省昆明市仅 400 千米，素有“黔之腹，滇之喉，蜀粤之唇齿”之称，区位条件十分优越。

（二）拥有独特的旅游资源

安顺市是贵州旅游的发源地和黔中经济区的核心区，其秀丽的自然风光、奇特的岩溶地貌、难得的生物多样性、多彩的民族风情、丰厚的历史文化，浓郁的红色文化和宜人的气候条件和谐共生，乡村旅游资源组合优势凸显，便于整合开发，打造复合型乡村旅游精品。

安顺市是中国优秀旅游城市，素有“中国瀑乡，避暑天堂”“屯堡文化之乡”“蜡染之乡”“西部之秀”的美誉；地处长江水系乌江流域和珠江水系北盘江流域的分水岭地带，境内河流纵横，落差大，水资源丰富；安顺是喀斯特地貌发育最成熟最集中、喀斯特景观最富集最典型的地带，为西南喀斯特风光旅游中心。全市风景名胜资源面积占全市国土面积的 12%，远高于全国 1% 和全省 4.2% 的平均水平，是贵州省最精华的西线黄金旅游区。安顺市拥有黄果树、龙宫两个国家 5A 级景区，占全省 5A 级景区的 50%，夜郎洞、兴伟石博园、云峰八寨和旧州古镇四个国家 4A 级景区，格凸河国家级风景名胜区以及天台山——斯拉河、花江大峡谷、夜郎湖三个省级风景名胜区，还拥有关岭古生物化石群国家地质公园和九龙山国家森林公园。

安顺市是黔中文化的发祥地、贵州省历史文化名城，其历史悠久、文化底蕴深厚，拥有穿洞文化、夜郎文化、牂牁文化、屯堡文化等独特的历史文化遗存和民族文化资源，为安顺文化与乡村旅游的可持续发展奠定了坚实基础。

安顺市是一个五方杂处、多民族杂居的城市，全市共有 20 多个少数民族，其中世居民族有汉族、布依族、苗族、回族、侗族、彝族等。目前，全市人口 229.73 万人，乡村人口为 160.72 万人，占全市总人口的 69.96%，少数民族人口占全市总人口的 39%，彰显着古朴浓郁的民族风情和多姿多彩的民族文化艺术。

安顺市气候宜人、生态环境优越。空气质量优良，全年舒适期长达 9 个月，雨量充沛，年平均相对湿度 80%，夏季平均气温只有 21.5℃，处于最舒适气候基准温度 18℃—24℃范围内，冬无严寒，夏无酷暑，PM2.5 值很少超过 50。安顺乡村的空气质量更为优越，成为安顺最大的旅游资源，最适宜居住、避暑和旅游。此外，安顺市美食云集，早享有“食在安顺”的盛名。

（三）乡村旅游基础设施逐渐完善

目前，安顺市已经形成了航空、铁路、公路、水运协调发展的立体大区域交通运输网络。沪昆铁路和黄织铁路境内交错，沪昆高速公路贯穿全市；至 2015 年底，全市公路通车总里程达到 13824 千米，已建设县乡道 173.8 千米、通村沥青（水泥）路 4600 千米；已启动包括景区发展、旅游基础设施、智慧旅游工程、旅游商品、配套服务设施、公共服务体系等提升改造项目；王二河、邢江河旅游航运工程、沪昆客专长沙至昆明段（安顺境）、安顺市至六盘水铁路、有干线铁路贵阳至河口（安顺境）、城际铁路黄桶至兴义、安顺机场改扩建等重点项目顺利推进，为把安顺市基本建设成为“西南重要陆路交通副枢纽”，以及全市乡村旅游的进一步发展打下了坚实基础。

第二节 “国家全域旅游示范区创建单位”的乡村旅游扶贫行动

2016年初，国家旅游局将安顺市列为首批“国家全域旅游示范区创建单位”之一，这为推动安顺市旅游业由“景区旅游”向“全域旅游”发展模式转变，构建新型旅游发展格局带来了新的发展契机，标志着安顺市旅游发展进入了新的发展阶段。安顺市将以全域发展为方向、以旅游供给侧结构性改革为重点、以品牌提升为引领、以产业融合为驱动，加快旅游业全要素升级增效；坚持旅游产业化与新型工业化、新型城镇化、农业现代化融合发展，实现全境域旅游，变单一“景区带动型”为“景区、城市双带动型”，全面打造世界知名山地全域旅游目的地，实现旅游业突破性、井喷式增长，真正把旅游业做成支柱性战略产业，带动乡村脱贫致富。

2015年，由国家旅游局和国务院扶贫办共同主办的全国乡村旅游提升与旅游扶贫推进会议强调，“要充分发挥乡村旅游在扶贫开发中的战略作用，着力将乡村旅游建设成为美丽乡村的重要载体，实现到2020年通过发展乡村旅游带动全国17%(约1200万）贫困人口脱贫”。[①]在《关于启动2015年贫困村旅游扶贫试点工作的通知》中，安顺市西秀区刘官乡大黑村、旧州镇浪塘村和镇宁县夜郎洞村位列其中。这为探索指导全市贫困村精准脱贫、实施乡村旅游扶贫规划的任务，确保乡村旅游扶贫工作有章法、有蓝图、有目标、有重点地进行提供了基本遵循。

安顺市把乡村旅游纳入“十三五”旅游规划和全域旅游示范市创建中，按照“点、线、面”结合的原则，通过重点景区辐射带动脱贫一批，重要交通沿线打造特色旅游产业带动脱贫一批，旅游乡村、示范户创建带动脱贫一批。强力实施“十百千工程”，全市抓好10个乡村旅游扶贫示范村寨、100个乡村旅

① 全国乡村旅游提升与旅游扶贫推进会在安徽省召开。来自：中央政府门户网站 www.gov.cn 2015-08-20 09:31。

游扶贫重点村寨及1000个示范和重点建设经营户。深入推进“四在农家·美丽乡村”创建，乡村旅游创建点累计覆盖80%以上的行政村。

“国家全域旅游示范区创建单位”旅游扶贫试点村开展的乡村旅游扶贫行动，结合贫困村的自身优势、贫困情况，因地制宜，形成了一批可借鉴、可复制的精准扶贫经验。

一、安顺市西秀区刘官乡大黑村

2015年，国务院扶贫办、国家旅游局将全国560个贫困村列入旅游扶贫试点，其中贵州省38个贫困村入选。安顺市西秀区刘官乡大黑村是贵州省山地旅游扶贫示范村之一。

（一）项目概况

1. 区位与交通

刘官乡地处大屯堡旅游区的中心地带，并处于邢江河国家湿地公园山水文化走廊板块上，属大屯堡旅游景区。S102、滇黔公路、贵黄公路、清黄高速（沪昆高速）、夏蓉高速、贵昆铁路、株六铁路复线等紧靠其西侧，距黄果树机场50分钟车程。距安顺城区37千米、平坝区18千米、贵阳市65千米。区位优势明显，交通十分便利。

2. 脱贫前的情况

大黑村贫困发生率9.1%，是省级二类贫困村。2013年，农村居民可支配收入3860元，村集体经济收入为荒山租赁6100元。2015年，建档立卡贫困户23户70人，一般户8户23人，民政兜底（两无户）6户10人，低保贫困户9户23人，两因户①13户46人，两有户②4户14人。

① 两因户：因学致贫、因贫致贫。

② 两有户：有资源、有劳动能力但无门路的贫困户。

（二）乡村旅游发展定位

1. 总体定位

建成“屯堡桃源”“芦塘荷韵”“锦绣大黑”特色景区。

2. 功能定位

以大黑村自然、人文及农耕生态资源景观为依托，突出当地屯堡、稻作文化下的饮食养生、休闲娱乐、旅游观光休闲理念，以屯堡乡村避暑休闲养老为特色，打造集乡村生态湿地农业观光、休闲娱乐、度假养生、避暑养老、农事体验等功能于一体的宜游、宜居、宜业、宜娱的山地乡村旅游、避暑休闲养老胜地及省级乡村旅游扶贫示范区。

3. 功能布局

规划格局：“一心、一带、一环、四板块”。一心：旅游接待服务中心；一带：滨水农业湿地观光带；一环：环村寨森林生态保育；四板块：乡村客栈、乡村养老休闲度假区、乡村自驾车露营基地、山地特色精细农业区。

（三）精准扶贫模式创新

大黑村旅游扶贫创新模式为“微型创业投资模式”。以当地的特色农产品加工作坊为平台，实现对大黑村贫困户的精准扶贫。通过这种方式，整合知识、人才、资金、技术、资源，带动贫困户扶贫。

（四）资金筹措

1. 财政拨款

乡村旅游的基础设施建设等方面，主要依靠地方政府投资建设；政府的引导投资，用于乡村旅游重点项目启动、引资、促销或从业人员培训等。

2. 建立乡村旅游发展项目库

加快做好涉及乡村旅游发展的重大基础设施建设项目、公益项目、环境综合整治等项目前期工作和相关规划，积极争取乡村旅游投资规划资金及国家、省、市区多部门财政资金支持。

3. 整合部门行业各渠道资金

对来自不同部门和渠道的资金、旅游投资规划资金、扶贫资金、社会主义新农村建设资金，以及环保、生态建设、教育等方面的资金，政府应围绕加快乡村旅游业发展这个重点，综合考虑各方面因素，根据实际情况进行优化整合，积极向乡村旅游业倾斜。

4. 争取金融机构的贷款

争取金融机构的贷款，为基础设施、环保公益项目等方面的投入提供资金，帮助企业对经济效益好、回收期短的旅游开发项目向国内金融机构贷款。

5. 投资模式创新

改善投资环境，吸引民营资金进入；鼓励村民以土地及劳力投入参与乡村旅游开发；建立“微型创业投资模式”。

（五）乡村旅游产业发展的带动效果

2016—2017 年，通过乡村旅游扶贫规划和实施，带动大黑村 23 户、70 人全部脱贫。2018—2020 年，建成全省乡村旅游扶贫示范村，成为“能发展、可借鉴、可复制”的精准扶贫“大黑经验”。

二、安顺市西秀区旧州镇浪塘村

西秀区旧州镇浪塘村也是贵州省山地旅游扶贫的示范村之一。

（一）项目概况

1. 区位与交通

浪塘村位于旧州镇东北面，距旧州镇 4 千米，距安顺市区 20 余千米。浪塘村交通便利，县道 402 自浪塘东部穿过，北接下九溪村，南至旧州古镇；另有屯堡大道贯穿浪塘西部，南接旧州古镇，北至安顺市区。

2. 脱贫前的情况

浪塘村属于省级二类贫困村。2013 年 6 月，贵州省启动“四在农家 · 美丽乡村”创建活动，村容村貌和贫困状况得到极大改善，荣获省级示范。但因人均耕地面积少、农村经济薄弱等多方面因素，至2015年底，浪塘村仍有贫困户52户，贫困人口196人。

（二）乡村旅游发展定位

1. 总体定位

建成“山里江南·屯堡水乡”“稻香浪塘·锦绣邢江”特色景点。

2. 功能定位

以屯堡文化为魂，以邢江河国家湿地公园为特色，以特色农业经济产业为支撑，与旧州镇国家4A级景区形成联动，打造成国内知名、省内一流的乡村旅游目的地以及贵州省知名的旅游扶贫示范村寨。

3. 脱贫目标

与周边旧州古镇、云峰屯堡、湿地公园等旅游景区、景点联动，规划浪塘村的旅游目标为以湿地景观观光和美丽乡村为基础的休闲度假旅游，实现2020年全村人均旅游经济总收入达1.2万元。至2018年，全村全面消除贫困户，实现全面同步小康。

4. 功能布局

形成“一核、两带、两入口、三区、多节点”的空间格局。一核：浪塘湿地生态乡村景观核；两带：邢江河湿地公园游览带、老落坡林场山体游览带；两入口：屯堡大道入口和旧州清水入口；三区：西部田坝现代农业产业区，中部田园风光种植区，东部精品农耕文化体验种植区；多节点：一村十组，一组一特色。

（三）扶贫模式与资金来源

1. 引导社会资本投入

引导各类企业、社会组织和个人采取独资、合资、合作、承包、租赁、托管等多种方式，积极参与浪塘村旅游扶贫开发的灵活机制。

2. 各级财政资金配套

旅游基础设施和公共服务设施建设，争取政府财政资金投入。

3. 农户参与机制

农户以房屋、宅基地、土地承包使用权、资金、技术等投入旅游开发，参与旅游经营及利益分配。

4. 旅游扶贫业态策划

策划农户易于参与、扶贫致富效果好的农家餐饮、民居客栈、农家乐、土特产品售卖、特色种养殖、农副产品加工等乡村旅游业态。

5. 开展旅游人才培训

形成多维度、多层次、多方向的乡村旅游人才培训体系；为保障农民的根本利益，必须对农民进行农业生产技能培训；完善服务体系。

（四）乡村旅游产业发展的带动效果

2016—2017 年，完成景观整治，基础设施得到全面完善，满足美丽乡村建设及游客需求。2018—2020 年，点面结合，品种多样，形成体系，整体推出浪塘村乡村休闲度假旅游的品牌，形成多种特色相结合的多元化旅游产品综合体系。贫困户全面脱贫。

三、安顺市开发区宋旗镇三合苗寨

（一）项目概况

1. 地理位置

三合苗寨距安顺市区仅 10 千米，距开发区管委会、宋旗镇政府仅 3 千米。沿二环路北行 3 千米即为黄果树机场，西行约 3 千米有沪昆高速、安顺绕城高速出站口。下行约 2 千米为沪昆高速铁路安顺站，东距多彩万象旅游城 3 千米，是一个宜居、宜游、宜商的美丽民族村寨。

2. 脱贫前的情况

三合苗寨是纯粹的苗族村寨，现有村民 153 户 458 人。2015 年农村居民可支配收入 5300 元。贫困户 95 户 293 人；低保户 44 户 102 人。

（二）乡村旅游扶贫进程

1. 总体定位

以“三合生态园养老中心”建设为依托，有机更新、全面改善老村落人居环境，发展“大健康＋旅游产业”和苗族文化乡村旅游，成为都市游憩花园的一个重要节点，建成贵州省有影响力的、独具特色的美丽乡村。

2. 乡村旅游发展

（1）村寨风貌提升改造

完善河道整治、基础设施、服务设施、景观绿化、环境保护、住房立面改造等，建成一个美丽的苗族村落。

（2）三合生态园养老中心

打造集休闲娱乐、旅游度假、商务会议、健康养生、主题娱乐等为一体的占地 700 亩三合生态园养老中心。生态园设施全包括：老年寝室、健身房、活动室、娱乐场所、人工沙滩、运动场所（羽毛球、篮球、乒乓球等）、接待室、食堂及餐厅、咖啡厅、棋牌室、洗衣房、浴室。

（三）资金筹措

项目资金来自区内筹措、招商引资及争取相关的乡村建设及扶贫资金等。

（四）乡村旅游产业发展的带动效果

2020 年，实现贫困户 95 户，贫困人口 293 人全部脱贫。

四、安顺市平坝区羊昌乡龙海村

（一）项目概况

1. 区位与交通

龙海村交通便利，距平坝区 11 千米，距安顺市城区 40 千米，距省城贵阳 50 千米。

2. 脱贫前的情况

龙海村总户数 4850 户，总人口 20565 人。其中，少数民族 12750 人，占总人口 62%，含布依族、苗族、白族等。农民人均年纯收入 2123 元。贫困户 245 户，贫困人口 862 人。

（二）乡村旅游扶贫进程

1. 总体定位

打造成集种植、养殖、旅游休闲观光为一体的绿色生态的“贵安山水林田宏锦园”和企业带动类型的旅游扶贫村寨。

2. 功能定位

项目以生态农业开发为基础，以改造优美的自然环境、生产优质的绿色农产品为宗旨，走休闲农业和农旅一体化发展之路。在种养殖项目选择和设计上充分考虑了农业与旅游的有机结合。

3. 功能布局

（1）多功能乡村旅游休闲园区

修建婚庆摄影基地、休闲娱乐中心、露营基地、松林坡林间房舍等。

（2）绿色产品生产基地

形成以立体种植和立体养殖为主的高效生态科技示范区、农产品加工中心等。

（3）农业生态休闲观光园

建设景观农业综合体，体验农业与观光农业相结合的特色旅游。

4. 主要建设内容

（1）一期建设生态观光旅游区 1200 亩

种植四季开花绿化苗木 1000 亩，建成生态农庄 2000 平方米、桃花山和桃花岛特色旅游观光区 200 亩、停车场 3 处计 800 个停车位、生态氧吧骑行道 10 千米、沿河木栈道 3.5 千米等。

（2）二期建设生态观光休闲体验区 1300 亩

二期主要内容有：精品水果种植采摘区 1200 亩（种植四季果树 5 万多株），婚庆摄影基地 20 亩（婚纱摄影花卉背景区、婚庆广场、荷花池、观景亭等），露营基地 3 处 10 亩，林下生态养殖土鸡 5 万只，并配套接待中心、烧烤场、垂钓平台、民俗文化基地等休闲娱乐设施。

（三）资金筹措

项目资金由贵州宏锦园林投资有限公司自筹、贷款和融资。

（四）乡村旅游产业发展的带动效果

2020 年，年接待游客 8 万人次以上，旅游产值 1200 万元人民币，绿化苗木及精品水果销售收入 1000 万元人民币，并辐射带动当地农户 300 户以上就业，贫困户 245 户，贫困人口 862 人全部脱贫。有效治理石漠化及防止水土流失土地达 3000 多亩。

五、安顺市平坝区齐伯镇斯拉河生态养生带

（一）项目概况

1. 区位与交通

齐伯镇位于平坝区西北部，距城区 30 千米，距安顺 61 千米，距贵阳 78 千米。属于贵阳、毕节及安顺的三交界地带，具有良好的地理区位优势。交通便利，现有公路直通清镇市、平坝区、织金县，修建夏蓉高速公路与齐伯镇互通后，将形成便利的交通网络。

2. 脱贫前的情况

2012 年，齐伯镇全镇总人口 19674 人，其中贫困户 5292 户，贫困人口 16641 人。

（二）乡村旅游扶贫进程

1. 总体定位

高端生态养生度假为发展方向，以生态养生养老、户外拓展、科考体验为主导功能，将大健康养生养老与旅游度假有效结合。

2. 功能布局

规划区布局为斯拉河生态观光旅游景区、凤凰—大坡林场休闲度假旅游区、农耕采摘体验园和石朱桥水库水岸风情园。

3. 主要建设内容

重点建设温泉休闲养生区、苗族风情文化区、大坡森林公园区、渡口服务区、高端生态度假区、森林生态公园、农耕文化区和滨水农旅一体休闲度假区。

（三）投资估算及资金筹措

从中央资金、省级资金、地县资金、市场融资和农户自筹五个方面进行项目的资金筹措。

（四）乡村旅游产业发展的带动效果

2020 年，带动贫困户 5292 户，贫困人口 16641 人全部脱贫。

六、安顺市平坝区夏云镇小河湾村

（一）项目概况

1. 区位与交通

小河湾位于平坝区夏云镇，距贵安新区 24 千米，距安顺 46 千米，位于贵安大道旁。

2. 脱贫前的情况

全村共 2 个自然村寨 8 个村民小组。主要居住有苗、汉等民族，全村总户数 439 户 1756 人，其中少数民族 649 人，占总人口的 36.95%。是省级二类贫困村，2015 年扶贫建档贫困户 90 户 146 人。

（二）乡村旅游扶贫进程

1. 总体定位

该村定位为休闲农业综合体。

2. 脱贫情况

2016 年，贫困户 90 户，146 人全部扶贫；2017—2020 年，巩固提升。

3. 主要建设内容

规划面积 872.78 亩。建设内容包括人工湖景观、村庄风貌整治、重要景观建设，旅游接待中心建设，风情旅游饮食购物一条街建设，环湖生态步道建设等。

（三）投资估算及资金筹措

从中央资金、省级资金、地县资金、市场融资和农户自筹五个方面进行项目的资金筹措。着重整合市、县两级资金，完善公用基础配套设施。与上海崇明葡萄专业合作联社签订投资合同，计划投资1527.9万元建“精品水果示范基地”；与贵州伙伴有机科技有限公司签订500亩优质稻种植合同和村庄旅游建设道等项目。

（四）乡村旅游产业发展的带动效果

2020年，贫困户90户146人全部脱贫。

七、安顺市平坝区鼓楼街道天马村双龙组

（一）项目概况

1. 区位与交通

鼓楼街道办事处地处黔中腹地平坝区主城区，双龙项目点距城区1千米。距贵黄公路、清黄高速（沪昆高速）、贵昆铁路、贵安大道2千米，沪昆高铁站4千米，距省会贵阳市48.8千米。沪昆高铁开通后到上海约6.5小时，到北京约8.5小时，区位优势明显，交通十分便利。

2. 脱贫前的情况

天马村双龙组世代居住着歪梳苗[①]，历史悠久，属川黔滇次方言第一土语支系，世代居住在山区，依山为寨，地多田少，经济文化相对落后。全组共141户582人，其中苗族人口550人，占总人口的94.5%；贫困农户3户10人。

（二）乡村旅游扶贫进程

1. 总体定位

建成黔中温泉度假中心、苗族风情文化特色产业中心、养老休闲度假基地。

2. 功能定位

同时依托当地苗族原生态歌舞、苗药、蜡染、刺绣、饮食为一体的苗族文

① 歪梳苗，苗族的一个支系。

化，打造集休闲、娱乐、度假为一体的苗族文化风情园及休闲度假区。

3. 功能布局

规划格局为“一园、两地、两中心”。一园：山体公园（含民族广场、苗族博物馆）；两地：花卉种植基地、黔中养生养老休闲度假基地；两中心：黔中温泉度假中心、苗族风情文化特色产业中心。

（三）扶贫模式与资金来源

1. 引导社会资本投入

引导各类企业、社会组织和个人采取独资、合资、合作、承包、租赁、托管等多种方式，积极参与天马村双龙组的旅游扶贫开发。

2. 各级财政资金配套

旅游基础设施和公共服务设施等建设，争取政府财政资金投入。

3. 农户参与机制

农户以房屋、宅基地、土地承包使用权、资金、技术等投入旅游开发，参与旅游经营及利益分配。

4. 旅游扶贫业态策划

策划农户易于参与、扶贫致富效果好的农家餐饮、民居客栈、农家乐、土特产品售卖、特色种养殖、农副产品加工等乡村旅游业态。

5. 开展旅游人才培训

形成多维度、多层次、多方向的乡村旅游人才培训体系；为保障农民的根本利益，必须对农民进行农业生产技能培训；完善服务体系。

（四）乡村旅游产业发展的带动效果

2016 至 2017 年，完成景观整治，基础设施得到全面完善，满足美丽乡村建设及游客需求。2018 至 2020 年，点面结合，各类项目点同步推进，形成体系，整体推出苗族风情文化特色产业品牌，形成独具特色的旅游产品综合体系。2020 年，实现贫困户全面脱贫。

八、安顺市镇宁县夜郎洞村

（一）项目概况

1. 区位与交通

夜郎洞村紧邻国家 4A 级夜郎洞风景区，即将建成的六镇高速公路穿村而过。六镇高速公路连接沪昆（G60）和杭瑞（G56）两条国家级高速，打通镇宁县、关岭县、安顺市、六枝特区、毕节市，甚至兴义县的游客前往黄果树景区、石头寨景区、夜郎洞景区的便捷通道。

2. 贫困前的情况

夜郎洞村 220 户 1181 人，是典型的布依族聚居的民族村寨。贫困人口为 132 户 628 人，占总人口的 53%。

（二）乡村旅游扶贫进程

1. 总体定位

建成与夜郎洞旅游区相互联动的旅游村寨，黄果树景区的旅游服务区，新型乡村游憩地。

2. 功能定位

成为旅游的减压和独特的布依田园生活的体验之地。

3. 功能布局

（1）田园景观及游憩区

在夜郎洞村上硐、戈机、新利三个自然寨所包围的区域，是一片美丽的田园景观，有河流，有小桥，旁边还有低矮山丘。在此提升打造优质的大地景观，春是油菜黄，夏是稻田绿，秋是草垛高，冬有霜雪白。同时，辅以农具陈列，并有农事体验、戏水等项目。

（2）村寨体验及度假区

在上硐村，村民利用现有初步形成的街区，改造提升为夜郎洞布依民族风情街，主要有民俗展示、工艺生产展示销售。并在三个自然寨利用民居进行客栈的改造提升。选取三个自然寨绿树成荫的地块，建设夜郎洞乡村野奢酒店。

（3）山地户外及运动区

利用夜郎洞村周围山地开展户外运动和休闲农业项目。上硐村背后山型陡峭，适宜于开展户外运动项目，如攀岩、真人CS、山地自行车、观星露营等。穿村而过的夜郎洞河可利用开发作为生态戏水河道，开展亲水、滨水类轻运动创意娱乐项目。

（三）旅游扶贫业态

1. 农家休闲型

农家休闲型旅游业态是农民利用自家院落、自家的农产品及周围的田园山水自然风光等，吸引城市居民前来进行吃、住、玩、游等休闲活动。建议夜郎洞村旅游扶贫可以尝试季节性观光型、农事参与体验型、综合休闲型三种细分业态。

2. 民俗风情传统文化型

民俗风情传统文化型旅游业态是以乡村风土人情、民族文化旅游吸引物作为承载主体，突出农耕文化、乡村文化和民俗文化特色，开发农耕展示、民间技艺、时令风俗、民间歌舞等旅游活动的旅游产业业态类型。夜郎洞村可以尝试以下四种业态：民族文化游、民俗文化游、乡土文化游、农耕文化游。

3. 农业生产体验型

农业生产体验型旅游业态是利用规模化的农业产业活动，开发农业游为主题的旅游活动。夜郎洞村可尝试农业庄园游、租赁农庄（园）两种业态。

4. 乡村休闲度假型

乡村休闲度假型旅游业态是依托优美的乡村风光、清新的空气及优质的绿色生态空间，结合田园景观及乡村文化，为受众提供休闲度假服务，创造一种不同于城镇生活的亲近自然的开朗轻松愉悦的生活方式，是夜郎洞村旅游扶贫积极探索的一种业态。

5. 农业科普教育型

农业科普型旅游业态是利用农业科技生态观光园、农业创意产品展览活动等为受众提供机会去了解和学习农业生产技术与农艺、农业发展历史，并增长农业知识的旅游活动，是夜郎洞村旅游扶贫积极探索的一种业态。

6. 体验运动型

体验运动型旅游业态是利用乡村优美的自然风景资源，开展徒步、滑草、登山、山地自行车、野营、骑马、溜索、攀岩、户外拓展、野战游戏、探险、夏令营、冬令营等活动。让休闲旅游者在生态环境中体验自然，进行有氧的适当运动，是夜郎洞村旅游扶贫积极探索的一种业态。

（四）扶贫模式

1. 引导社会资本投入

在旅游扶贫工作中，充分利用社会资本的力量，积极动员、引导各种社会资本参与到旅游扶贫中来，以企业扶贫助推旅游扶贫，积极引导和促进夜郎洞景区公司对夜郎洞村旅游扶贫项目的投资与经营。

2. 各级财政资金配套

加大对旅游扶贫村的财政转移支付力度。在继续利用财政资金进行扶贫村基础设施建设的同时，将财政扶贫的重点领域向旅游扶贫村的旅游接待基础设施建设上集中。各项农业补贴政策逐步与科技扶贫政策结合，向旅游扶贫村的贫困农户倾斜，使得旅游扶贫村的贫困农户获得参与旅游经营的必要生产要素。

3. 农户参与机制设计

（1）小老板扶持计划带动

充分结合贵州省经济和信息化委员会开展的“万户小老板”培育扶持工程，在夜郎洞村选取具有民族手工技艺的民间艺人和匠人进行资助和培训，通过专项资金的支持和经营培训，引导和推动农户参与旅游扶贫。

（2）农户文化参与及产业化利用

扁担山槽子具有极富特色的布依文化，其布依铜鼓十二调以及布依巫文化都具有一定的影响力。扁担山乡应通过乡文化站发挥基层文化建设功能，在保护传统文化和活跃公共文化服务的同时，要积极引导农户的文化参与，并促进民族文化和地域文化的产业化利用。

（3）农户住房的旅游产业化利用

充分利用夜郎洞村村民住房进行住宿接待用房改造，打造具有扁担山布依建筑与装饰特色的民居客栈，按相关标准设计建设客房、庭院、厨卫等，并要留有设置旅游经营摊位、柜台的空间。

（4）农户土地的旅游产业化利用

通过乡村旅游专业合作社等多种经营形式，对农户的土地加以统筹协调，充分利用。以股份合作等方式流转土地承包经营权，原农户参与收益分配。

（5）农户的旅游就业安排

积极组织农户参加旅游职业技能培训，提高青壮年劳动力职业技能，增强就业能力，促进更多移民实现转移就业。

（6）农户参与旅游协同产业安排

引导和扶持农户从事旅游餐饮、旅游运输、种养业特色产业、农副产品加工、民族文艺表演等第二、三产业项目。

（五）资金筹措

项目资金来源为政府扶贫资金、招商引资。一是通过招商引资引入社会资本；二是乡村基础设施建设公共服务体系建设可争取国家部委相关项目的政府扶贫资金。

（六）乡村旅游产业发展的带动效果

2020 年，夜郎洞村因参与旅游经营与接待工作而扶贫 772 人 235 户。增加涉旅企业 1 家，个体户 50 户，解决就业 200 人，其中，返乡就业 150 人。2020 年底，全村旅游总收入 1200 万元，农村人均纯收入 1 万元，招商引资金额 5 亿元。

九、安顺市普定县化处镇朵贝贡茶生态文化体验区

（一）项目概况

1. 区位与交通

该区距离省会中心城市贵阳市以及黄果树、龙宫等重点景区均在一小时车程内，交通便捷、区位优势明显，是普定县乡村旅游发展的一个重要节点。

2. 脱贫前的情况

全村 3226 户 12718 人，其中贫困人口为 631 户 1789 人。

（二）乡村旅游扶贫进程

1. 资源状况

朵贝茶早在明洪武年间（1368 年）便作为皇家御用“贡茶”而负有盛名，传承保护至今。项目区茶园总面积 3 万余亩，有百年以上树龄的古茶树 500 多株。其中朵贝村茶山上有一株距今 1000 余年的古茶树，经专家考证，认为是目前全国小叶茶树品种中最古老、最大、保护得最好的古茶树，堪称“贡茶之祖”。另外，规划区域内有山庄、空山、仙人寺、狮子山、反字岩、窄口水库、万亩油菜花、千亩荷花池、金钱洞等旅游资源，丰富多彩。

2. 总体定位

依托“朵贝贡茶”地理保护标识，以万亩贡茶茶山为主线，以贡茶文化资源为载体，结合喀斯特洞穴、嘎卧千亩荷花园等自然景观，规划将此生态区建成兼具休闲度假、农业科普展示教育、户外拓展训练、康体养生等综合功能于一体的乡村旅游体验区。

3. 功能分区

贡茶文化游览区：以贡茶资源为依托，仿明代建筑建设朵贝茶城（名茶交流交易中心）、茶文化展示博物馆、配套建设旅游纪念品销售街区、空山洞穴酒店、重华山庄民宿、酒吧娱乐街区及狮子山高端休闲会馆等业态。

千亩荷塘生态旅游观光区：以千亩荷花池生态景观和金钱洞自然景观为依托，建设完善内部交通路网、度假木屋群、乡村农家乐、民宿、自行车骑行和漫游步道等。

万亩茶山生态体验区：提升现有种植茶叶品质，按照季节更替植物花卉生长周期和规律，错时营造四季常绿、四季有花的景观，形成与万亩茶园交相辉映的生态景观。配套建设一定的旅游服务设施，必要的景观建筑，在适当的位置建设养生康体中心、帐篷酒店、自驾游与户外露营基地、茶山骑行及漫游步道、特色茶宴餐厅、露天风情茶廊等，营造人们回归自然、享受健康，休闲度假、旅游避暑、游憩养生的理想场所。

（三）资金筹措

通过招商引资或引入民营资金获得；公共服务体系及公益性基础设施可争取国家相关部委的相关项目资金支持。

（四）乡村旅游产业发展的带动效果

2020 年，建成贵州省著名的乡村茶文化旅游区，带动规划区贫困户 631 户，贫困人口 1789 人扶贫致富。

十、安顺市紫云县格凸河镇坝寨村

（一）项目概况

1. 区位与交通

坝寨村位于格凸河镇，距镇政府所在地 16 千米。村紧邻国家级风景名胜区——格凸河风景区，通往格凸河景区和罗甸县的公路穿村而过，经县道与省道 S209 相连后，北行至安顺市西秀区与沪昆高速相连。

2. 脱贫前的情况

坝寨村贫困户无固定经济来源，缺少技术，主要靠传统农业种植，打零工维持生计，经济收入水平低。有建档立卡贫困户 65 户 243 人，民政兜底（两无户）9 户 14 人，低保贫困户 116 户 318 人，两因户 12 户 54 人，两有户 5 户 23 人，两缺户 39 户 152 人。

（二）乡村旅游扶贫进程

1. 总体定位

以格凸河景区带动坝寨村发展，成为景区带动精准扶贫的蓝本；以乡村旅游带动农业产业结构调整和提高农民收入为重要手段，以提升坝寨村的“造血功能”，全面小康扶贫为主要目的，引导带动乡村旅游发展、推动旅游业真正成为扶贫、富民、惠民的并具有重要示范作用的乡村旅游扶贫示范区。

2. 功能定位

以坝寨村自然、人文及农耕生态资源景观为依托，突出当地民族特色、突出农耕文化，以饮食养生、休闲娱乐、旅游观光为休闲理念，以民族乡村避暑休闲养老为特色，打造集乡村生态湿地观光、康体度假、滨水休闲、农事体验等功能于一体的宜游、宜居、宜业、宜娱的山地乡村旅游，避暑休闲养老胜地及景区带动发展省级乡村旅游扶贫示范区。

3. 功能布局

根据坝寨村村寨特征、用地分布情况、与格凸河景区关系和未来旅游开发管理模式，功能结构布局概括为“一轴、一带、五功能区”。一轴：绿色交通景观轴；一带：滨水观光景观带；五功能区：湿地公园游览区、亚鲁王特色旅游商业区、乡村客栈休闲区、民族村寨整治区、休闲农业体验区。

（三）扶贫模式

1. 引导社会资本投入

设计引导各类企业、社会组织和个人采取独资、合资、合作、承包、租赁、托管等多种方式，积极参与坝寨村旅游扶贫开发的灵活机制。推行“政银企农”合作模式，建立健全“政府主导产业、企业申报贷款、扶贫金融评估、多形式联合担保、项目市场运作、扶贫贴息支持、企业承贷承还”的融资机制。积极组建扶贫开发投融资担保有限责任公司，配合市、区发展村镇银行等微型金融机构，探索建立产业基金，解决坝寨村贷款难题。

2. 各级财政资金配套

坝寨村旅游产品项目的建设投入主要由招商引资等市场化方式解决，但旅游基础设施和公共服务设施建设，需要政策性资金投入。根据坝寨村和当地实际情况，形成坝寨村申请相关政策性资金的具体方案，帮助该村整理资金申报材料（尤其是向各级扶贫部门的申报材料）。

3. 农户参与机制设计

根据坝寨村实际情况，因地制宜设计农户以房屋、宅基地、土地承包使用权、资金、技术等投入旅游开发，以及“景点＋农户”“景点＋农村合作社＋农户”“农村合作社＋农户”“以大带小”以及独立经营等农户参与旅游经营的方案，并明确方案的具体实施路径。召开听证大会，使社区居民参与旅游决策。农民通过开乡村精品客栈、餐馆，卖旅游商品以及表演民俗歌舞等形式参与利益的分配。

4. 旅游扶贫业态策划

依托格凸河景区，根据坝寨村旅游资源和潜在市场特点，策划农户易于参与、扶贫致富效果好的农家餐饮、民居客栈、农家乐、土特产品售卖、特色种养殖、农副产品加工等乡村旅游业态，设计具有村寨特色的旅游商品，设计将试点村纳入区域旅游的线路，帮助试点村联系将农副产品销售到当地宾馆、超市。

5. 开展旅游人才培训

建立高效的、多层次的、与乡村旅游开发相配套的人力资源开发机构，促进人力资源整体优化体系，实现农村区域人力资源的整体效益，建立完善的高效率的人力资源信息系统，实现人力资源开发与乡村旅游发展规划的有效整合和人力资源的可持续利用。挖掘农村剩余劳动力的潜力，促进农民工返乡就业，增加就业机会。设立全村旅游培训中心或社区培训中心，进行有针对性的乡村旅游感知、农民意识、服务素质（包括普通话、态度等）与技巧和服务标准等培训，培训教员主要是省、市乡村旅游研究人员和高校的教师。然后由旅游局组织企业管理人员进行培训，形成多维度、多层次、多方向的培训体系；为保障农民的根本利益，必须对农民进行农业生产技能培训；针对乡村旅游服务特点建立乡村旅游区服务标准，完善服务体系。

（四）资金来源

1. 财政拨款

基础设施建设等方面，主要依靠地方政府的引导投资。

2. 项目资金

建立乡村旅游发展项目库，积极争取旅游投资规划资金及国家、省、市区多部门资金支持。

3. 整合部门行业各渠道资金

整合不同部门和渠道的旅游投资规划资金、扶贫资金、社会主义新农村建设资金，以及环保、生态建设、教育等方面的资金，积极向乡村旅游倾斜。

4. 金融机构的贷款

争取金融机构的贷款，为基础设施、环保公益项目等方面的投入提供资金，也可以帮助企业对经济效益好、回收期短的乡村旅游开发项目向国内金融机构贷款。

5. 民营资金投入

鼓励企业和社会投资乡村旅游产品建设，鼓励村民参与乡村旅游开发。

（五）乡村旅游产业发展的带动效果

2020 年，坝寨村实现全面脱贫。按照紫云县委、县政府对格凸河景区对口帮扶贫困村寨的统一部署，精准扶贫，项目落地，因地制宜，突出特色，建设成为全县、全市的美丽乡村及乡村旅游扶贫示范项目，确保实现经济效益、社会效益和生态效益共赢的目标。

十一、安顺市关岭县岗乌镇上甲寨

（一）项目概况

上甲寨位于沪昆高速岗乌镇出口处，距黄果树大瀑布景区约 30 千米，离安顺市约 80 千米，是贵阳市至昆明市高速的必经之地。且现有道路通往小盘江村码头（约 9 千米），由该码头向上游可通往光照水电站（约 7 千米）游览观光，向下游连入北盘江，游览盘江大桥、二战钢桥（约 15 千米）。

上甲寨是一个布依族古寨。据考古发现，自新石器时代便有人类生活的遗迹。在其周边，除布依族外，还有苗、仡佬、彝、汉等民族聚居一个村寨的。此外，在同一坝子，同一山谷或同一条河流的两岸，往往坐落着好几个不同民族聚居的村寨。不同的服饰、语言以及不同的民俗习惯，构成了这些地方独特多姿的民族色彩。这些绚丽多姿的民族民间文化和千姿百态的民族风情风貌，不仅保留了古老布依族固有的优秀文化传统，而且还吸收了苗、仡佬、彝、汉等其他民族的优秀文化和风俗，从而使上甲寨民族民间文化千情万种、独具特色。

（二）乡村旅游扶贫进程

1. 总体定位

上甲寨的扶贫总体定位是将旅游产业作为上甲寨的主导产业，以岗乌镇产业（中草药、茶叶）为基础，以千年古榕群为核心吸引力，以“千年古榕神树庇佑下的布依古寨”为主题，强化上甲布依古寨民俗风情的传统特色，凸显传统布依古寨的生态之美、民俗之美，打造“生态古寨型民俗旅游接待村”，形成上甲古寨生态村、民俗村、产业村、养生村、艺术村的突破发展，打造以生态、养生和民俗文化体验为特色的融观光、休闲、度假于一体的乡村旅游度假地。

2. 功能布局

根据上甲寨民俗风情的传统特色以及资源情况分为“一核五区”，即古榕—古寨吸引核、入口综合服务区、户外运动娱乐区、有机农业休闲区、户外休闲体验区、中药产业养生区。

（三）资金来源

1. 引导社会资本投入

引导各类企业、社会组织和个人采取独资、合资、合作、承包、租赁、托管等多种方式，积极参与上甲寨旅游扶贫开发的灵活机制。

2. 财政拨款

基础设施建设等方面主要依靠地方政府的引导投资。

3. 项目资金

建立乡村旅游发展项目库，积极争取旅游投资规划资金及国家、省、市区多部门资金支持。

4. 整合部门行业各渠道资金

整合不同部门和渠道的旅游投资规划资金、扶贫资金、社会主义新农村建设资金，以及环保、生态建设、教育等方面的资金，积极向乡村旅游倾斜。

5. 民营资金投入

鼓励企业和社会投资乡村旅游产品建设，鼓励村民参与乡村旅游开发。

（四）乡村旅游产业发展的带动效果

2020年，关岭县岗乌镇上甲寨实现全面脱贫。

十二、安顺市关岭新铺乡大盘江村

（一）项目概况

1. 地理位置

新铺乡位于关岭自治县西南面，东接永宁镇，北邻沙营乡，西北与岗乌镇接壤，东南紧靠普利乡，隔北盘江与晴隆县、兴仁县相望，距县城38千米，320国道、G60国家高速公路穿境而过。

大盘江村位于新铺乡西北面的北盘江畔，全村辖5个村民组192户912人，以布依族聚居为主，海拔585米，低热河谷气候明显。全村有一条7米宽的通村路横穿境内，交通较为便利。

2. 脱贫前的情况

大盘江村共5个村民组，分别为一至五组，共192户912人，其中有32户贫困户。居住人口以布依族和苗族为主，其中布依族840人、苗族72人。主要收入以农业产业为主，2015年底农业产值约750万元，人均年收入8030元左右。养殖方面以猪、牛、羊为主，目前无大规模养殖场，全村基本以散养为主。

（二）乡村旅游扶贫进程

1. 功能定位

从大盘江村实际出发，以市场需求为导向，根据村寨旅游资源，将自然景观与民族资源相结合，使之成为具有娱乐、休闲和旅游观光为一体的多功能综合性村寨。通过合理的规划和有序的开发，将其打造为“旅游观光、特色农业、民俗体验”等农旅一体的生态示范旅游村。

2. 规划布局

结合大盘江村旅游资源的分布特征、区域发展特点布置，形成“一心两带三区”的布局结构。

"一心"是村旅游服务中心。以现有村办公楼为依托作为旅游接待中心，实现村委办公室及周边场所的咨询、接待、服务、管理为主的功能。

"两带"即特色农产品体验带和民族文化研究带。沿村庄南北呈带状发展，北盘江南部片区利用葡萄、西瓜等农产品的种植，形成以农产品的采摘品尝观光体验为一体的特色农产品观光带；村庄北部依托布依族民族文化，大力发展对民族文化等非物质文化遗产的开发和体验。

"三区"根据民居及地形布局，形成民俗住宿区、垂钓休闲区、沿河观光区三个特色片区。

（三）资金来源

1. 引导社会资本投入

引导各类企业、社会组织和个人采取独资、合资、合作、承包、租赁、托管等多种方式，积极参与大盘江村扶贫开发的灵活机制。

2. 财政拨款

基础设施建设等方面主要依靠地方政府的引导投资。

3. 项目资金

建立乡村旅游发展项目库，积极争取旅游投资规划资金及国家、省、市区多部门资金支持。

4. 整合部门行业各渠道资金

整合不同部门和渠道的旅游投资规划资金、扶贫资金、社会主义新农村建设资金，以及环保、生态建设、教育等方面的资金，积极向乡村旅游倾斜。

5. 民营资金投入

鼓励企业和社会投资乡村旅游产品建设，鼓励村民参与乡村旅游开发。

（四）乡村旅游产业发展的带动效果

2020 年，贫困户 32 户 96 人实现全部脱贫。

十三、安顺市黄果树旅游区黄果树镇募龙村

（一）项目概况

1. 地理位置

募龙村位于黄果树风景名胜区天星桥景区东南面 3 千米处，东临马厂凡旗村，西连黄果树风景区，北临烈山村，南靠郎宫景区，总面积约 10 平方千米。

2. 脱贫前的情况

全村共有村民 257 户 1030 人，其中贫困户 82 户 295 人。

（二）乡村旅游扶贫进程

建成“一核三带四心五区”。

“一核”：募龙旅游综合服务核心。围绕募龙村一二组为核心集散区域，包含引导、配套、休闲等功能服务，方便游客进行旅游活动。

“三带”：募龙交通漫游带。依托现有资源，合理设置三条景观旅游带——绿色徒步旅行带、蓝色滨水休闲带、特色景观交通带，以三条特色漫游带营造不同的特色漫游氛围，丰富游客旅游感知氛围。

“四心”：一个小组一个主题。根据募龙现有四个村民小组，分别围绕四组的不同募龙特色体验，以一组一主题为特色打造四个功能核心区氛围。即一组：享·募龙风情——风情娱乐中心；二组：宿·募龙民居——民俗旅居中心；三组：品·募龙美味——特色餐饮中心；四组：寻·募龙时光——文化休闲中心。

“五区”：五大特色游览功能区。以基地内各空间片区的不同性质特色，打造五个特色游览功能主题片区，以募龙文化、山地运动、募龙旅游集散、田园互动、桃源观光为五大功能区主题。

（三）资金来源

基础性设施建设以政府投资为主，部分项目开发可按照市场化运作招商运营。

（四）乡村旅游产业发展的带动效果

2020 年，实现全村贫困户 82 户 295 人全部脱贫。

十四、安顺市黄果树旅游区黄果树镇石头寨村石头寨组

（一）项目概况

1. 地理位置

石头寨村位于黄果树镇中北部，南临石头新寨村，北靠偏坡村，西接硐口村，东邻石头寨村。石头寨距黄果树管委会 2 千米。

2. 脱贫前的情况

石头寨共 275 户 1100 人，主要民族为布依族；产业以粮食作物、蔬菜、果林种植和养殖为主，还包括观光农业、旅游业、蜡染手工业、服务业。村民人均年收入约 4500 元。村内现有贫困户 76 户 190 人。

（二）乡村旅游扶贫进程

规划将形成“一山、一寨、一水、两景”的总体布局。

“一山”：指石头寨的后山。结合后山现状情况，充分利用有利的基础设施（完整的石阶梯）和独特的山形以及山上良好的自然植被，打造集休闲娱乐、餐饮为一体的山体公园。

“一寨”：指石头寨。该古寨具有内部空间完整，街巷疏密有致，建筑集中等特征，打造集休闲娱乐、餐饮、居住为一体具有浓烈民居特色的民族生活体验旅游景点。

“一水”：指石头河。充分利用石头河优质的水资源及河流周边良好的环境，打造集休闲、运动、养生为一体的河道景观。

“两景”：指湿地公园和天生桥瀑布。充分利用这两处已开发并具有一定游客量的景点，拉动村内居民的经济发展。

（三）资金来源

以财政性拨款、地方财政拨款、集体单位和社会赞助等多方筹集资金。

（四）乡村旅游产业发展的带动效果

发扬“石头王国”文化、民俗文化等传统文化，协调保护与开发、保护与

旅游的关系，满足经济增长、社会发展和提高人民生活水准的需要。2020年，实现全村贫困户76户190人全部脱贫。

第三节　安顺市乡村旅游精准扶贫成效

一、安顺经验

面对乡村贫困问题，安顺市大力开展乡村旅游精准扶贫，通过乡村旅游示范村建设带动全市乡村旅游扶贫，乡村旅游业也呈现了一些新的特点和变化，总结出一套“安顺经验”。

一是景区景点带动作用明显。云峰八寨、旧州古镇两个国家4A级景区成为乡村旅游的龙头，在其带动下浪塘、本寨、大坝、九溪、大黑等美丽乡村如雨后春笋般涌现。

二是客流量显著增长。特别是在长假期间，九溪村、大坝村乡村旅游人满为患，旧州花海游人如织、裕丰合作社人气旺盛。旧州山里江南景区通过举办游山里江南看花海嘉年华、焰火晚会等5天连续不断的精彩活动吸引了各方游客，形成白天赏花、夜晚观剧的新旅游模式，夜间单日接待达1万人以上。

三是业态逐渐丰富。大黑、大坝“候鸟经济”持续强劲，旧州花海成为乡村旅游新的增长点，九溪摸鱼、藕田垂钓等新业态纷纷呈现。

四是旅游效益明显增强。旧州古镇餐饮店面逾200家，浪塘、大坝等地农家乐节假日经常爆满。猓狸停车场国庆日均接待车辆超500辆，猓狸村民利用院坝收停车费日收入过百。

五是游客满意度明显提升。贵阳、遵义等地游客量明显增加，省外游客到大坝、大黑等地避暑成为常态，瑞士、德国等境外游客为安顺旅游点赞。

六是旅游主体多元化出现，以贵州旅游投资控股集团、安顺投资有限公司等为代表的国有资本成为行业龙头，以本寨裕丰农旅合作社、旧州西安中川公司、黄腊贵鑫科技等为代表的民间资本活力十足，以浪塘人家为代表的农家乐大量增加。

七是旅游成为百姓日常生活方式，节假日期间旅游美图刷爆朋友圈，周末驾车乡村旅游成为老百姓的常态化生活选择。

二、安顺模式

安顺市乡村旅游扶贫的主要经验和做法，可以概括为“一个精准、三个重点、四种模式、五个结合”，即“1345”乡村旅游扶贫“安顺模式”。

（一）“一个精准”：发展乡村旅游与扶贫攻坚精准挂钩

扶贫贵在精准，旅游扶贫贵在精准挂钩。按照安顺市旅游扶贫工作的统一安排，围绕“丰富业态、做大总量、提质增效”的发展目标，努力探索推动贫困户与特色路子、产业链条、政策投入三个方面精准挂钩的旅游扶贫方法，制定了安顺市“旅游脱贫作战图”，对全区建档立卡的贫困村开展旅游资源普查和旅游扶贫摸底调查，形成贫困村数据库，筛选具有发展乡村旅游条件的贫困村名单，作为乡村旅游扶贫工程实施对象，确保旅游扶贫对象精确。按照“一村一策、一村一品”的思路对入库贫困村进行精确施策，形成以田园乡村游、民俗文化游、精品水果采摘等为主导的旅游扶贫产业群，实现了旅游和扶贫从各自为政的“两张皮”转变为相互配合、日益融合的“二人转”。

（二）“三个重点”：突出“规划、项目、效益”

重点一是以规划为引领，绘制“一张图”。坚持乡村旅游产业规划与脱贫攻坚计划融合，把安顺的城市和乡村、道路和房屋、山水和田园等都纳入整体规划，进行全域优化配置。按照全域景区化的建设和服务标准，全力推进旅游规划与全区“十三五”发展规划、小城镇规划、美丽乡村规划等实现多规合一，制定安顺乡村旅游扶贫计划。

重点二是以项目为布局，串成“一条线”。坚持旅游项目带动战略，以项目化布局为导向，实施乡村旅游扶贫精品项目，全力建设乡村旅游“一圈六线多点”。规划建设大屯堡生态文化旅游圈，着力将山岚生态园、云峰屯堡、水墨本寨、养生药王谷、乡亲猓狸、休闲彭家苑、田园浪塘、荷塘九溪等连线打造为驿站响马特色精品线，将旧州古镇、九龙山国家森林公园、山京茶海、金果大坝、大屯河现代农业园区、安榨古城等连线打造为访古探幽特色精品线；将轿子山、蔡官“两河两山”等连线打造为康体养生精品线；将宁谷古汉遗址、天落湾公园、木山植物园、下哨艳红桃精品水果基地、东屯千年杜鹃林海等连线打造为文化生态精品线；将新场河水库、芦坝水库、红岩水库、蒙棚河等连线打造为户外露营精品线；将中央红军三、五军团过境的东屯、双堡、杨武、鸡场、岩腊等地连线打造为红色旅游精品线。成功打造了云峰屯堡、旧州古镇、山里江南、邢江河国家湿地公园、九龙山国家森林公园、杨武大屯河省级农业生态园等多个景点，辐射带动了本寨、浪塘、九溪、大黑、大坝等一批风格鲜明、各具特色的乡村旅游扶贫示范点，形成了“百花齐放、百村争流”的乡村旅游扶贫格局。

重点三是以效益为宗旨，开辟“一条路”。坚持把发展乡村旅游作为产业扶贫“造血”的一项重要工程，充分发挥乡村旅游的市场优势、产业活力、造血功能、带动作用，把乡村旅游作为“带一接二连三”的综合性富民产业，推动贫困户成为乡村旅游发展的参与者、受益者，让贫困村、贫困户在旅游产业发展中找准定位，实现自我造血、脱贫致富。立足于增强乡村旅游扶贫的“造血功能”，制定了乡村旅游的“三个优先考虑”办法，要求在乡村旅游发展规划中必须优先考虑贫困村，在乡村旅游建设和管理的用工中必须优先考虑贫困户，在制定乡村旅游的优惠政策时必须优先考虑贫困户。立足于增强贫困户、贫困村的收益，制定了乡村旅游扶贫的“四通四收”。即：通过支持贫困户兴办乡村旅游，增加贫困户经营性收入；通过贫困户参与乡村基础设施建设、景区管理等，增加贫困户的工资性收入；通过土地入股、房屋出租等方式，增加贫困户财产性收入；通过将政府帮扶建成的水、路、停车场、厕所等公共基础设施划转旅游扶贫村，增加贫困村的集体经济收入。

（三）“四种模式”：“政府＋农户、公司＋合作社、景区带村、能人带户”

一是以浪塘村为代表的“政府＋农户”模式。浪塘村作为全区最早一批美丽乡村建设示范点和全国旅游扶贫试点村，从一开始便坚持把美丽乡村建设、乡村旅游发展和扶贫攻坚相结合，坚持以政府为主导、贫困人口为参与，积极动员群众投工投劳参与旅游开发，并在基础设施建设完成后成立村集体合作社、旅游协会，通过将停车场等基础设施交付村集体管理，壮大了村集体经济，探索走出了开发贫困户与特色路子、产业链条、技术投入“三个精准挂钩”的乡村旅游扶贫模式，全村 778 户 3443 人全部实现脱贫，2015 年农民人均纯收入达到 10048 元，获得了全国最美休闲乡村、全国文明村镇、中国美丽乡村等一些荣誉称号。

二是以大黑村为代表的“公司 + 合作社”模式。大黑村依托凉爽的天气和“刘官山药”“傩雕”等特色品牌，采取“村民入股 + 集体经营 + 公司指导”模式，将旅游、种植等融为一体，并成立了锦绣黑土有限责任公司以及旅游、农业等专业合作社，形成一个有序发展的乡村旅游产业链，把大黑村打造成了养生避暑的天堂，全村 284 户 1200 人全部脱贫，2015 年农民人均纯收入达到 8862 元。

三是以云峰屯堡 + 本寨村、旧州屯堡 + 文星村代表的“景区带村”模式。云峰屯堡、旧州屯堡（山里江南）是安顺市两个 4A 级景区，两个景区在快速发展的同时，凭借其巨大的市场优势，在两个景区的带动下，临近的本寨村、文星村都实现了脱贫致富。本寨村由于在云峰景区内，给本寨村带来了大量的游客资源，家家都兴办起了农家乐；文兴村由于山里江南主打花卉生态观赏，每年大量的用工需求带动了文兴村村民就地就业。

四是以陈大兴 + 大坝为代表的“能人带户”模式。陈大兴是安顺大坝村党支书，陈大兴率先在全村种植金刺梨、兴办农家乐并为全村担保贷款 1400 多万元，在其带动下，大坝村实现了从省级二类贫困村到美丽乡村示范点的华丽转变。2015 年，全村 342 户 1542 人成功脱贫，大坝村党支部也被评为“全国先进基层党组织”。

此外还有黄腊乡贵鑫科技园等小微企业“自主建设 + 自主经营”、七眼桥镇本寨村裕丰合作社“村民入股 + 集体经营”等旅游扶贫模式，逐渐形成了旅游开发遍布全区、旅游经营遍布全产业、旅游红利惠及各乡村的全域旅游新局面。

（四）“五个结合”：内力与外力结合、线上与线下结合、基础设施建设与人居环境改善结合、生态与文化结合、新型城镇化与城乡统筹结合

一是内力与外力结合。坚持共同建设原则，在政府主导外力推动的同时，注重培育乡村旅游扶贫村及贫困户自身的“内力机制”。外强保障。组织上，实行“一把手”工程，区、乡（镇）均成立了由党委主要领导亲自“挂帅”的旅游扶贫工作领导小组，统筹领导旅游扶贫开发工作，同时各乡镇都设置了乡村旅游管理办公室，有专门工作人员、专项工作经费，在示范村成立乡村旅游协会，充分吸纳群众参与。政策上，将旅游扶贫工作纳入该区年度目标管理考核，出台了旅游扶贫示范点建设、旅游扶贫创业奖励等系列政策文件。强化资金扶持，将美丽乡村建设、“一事一议”、交通、扶贫、土地流转奖补等各项涉农资金打包运作共同用于旅游扶贫，同时利用特惠贷、惠农贷等小额贷款政策，对发展乡村旅游的贫困户给予一定额度的无需担保贷款。组建了安顺市文化旅游投资公司，以文旅投为平台，探索采用 PPP、BT 等模式进行融资贷款，着力解决乡村旅游资金难题。内生动力。坚持以人为核心的旅游扶贫理念，注重提升贫困户的自身能力和素质，着力开好“两个会”：一是开好村民代表大会，通过领导下乡开村民动员大会的形式，积极进行政策宣讲、群众动员，鼓励贫困户全程参与乡村旅游扶贫示范点的开发和后续管理；二是开好技能培训会，按照“培训一人、就业一人、脱贫一家”的扶贫工作思路，组织实施乡村旅游人力资源开发计划，分级分类开展电子商务、农家乐餐馆、客栈宾馆经营等方面的技能培训，累计培训乡村旅游管理干部和从业人员 2000 余人。同时积极扶持返乡农民工创业培训，培育了“浪塘人家”等创业示范典型。

二是线上线下结合。安顺市在实施“大数据”战略行动的过程中，积极推动大数据在扶贫领域的应用，探索实践了“互联网 + 乡村旅游”的运作模式。其一是全面实施“智慧美丽乡村”建设，大力推进乡村旅游扶贫示范村的无线网络覆盖，同时整合乡村各项地理信息、人文资源信息，积极开发建立相应的智慧旅游基础服务系统。目前，浪塘、本寨已经实现免费 WiFi 全覆盖，旧州山里江南开发了自主微信 APP 平台。其二是大力发展旅游电子商务，依托豪

德电商城、蚂蚁众创空间等平台，帮助贫困户推广旅游项目、销售土特产品。与淘宝网、秀农网等国内电商运营商合作，在全区各乡镇设立了电商服务站、村级电商服务网点，并在深圳设立安顺珍品馆。2019年，黄果树（豪德）电商产业园已建成4个中心和105个商铺，引进淘宝、中国7号网、贵州黔包网、贵州顺点、零距离、云上智慧等知名电商企业在内的66家企业签约入驻，全区建成农家网店264个，为金刺梨、山药、蜡染、傩雕等特色旅游产品打开了一扇连接市场的窗口，实现了乡村旅游扶贫线上线下的融合。

三是基础设施建设与人居环境改善结合。坚持把人居环境改善作为乡村旅游扶贫村基础设施建设的目的，以安顺市委提出的“一建四改治八乱，五有四化三提高”为抓手，以贵州省农村基础设施建设“六项行动计划”项目为支撑，以垃圾和污水治理为重点，全面完善乡村旅游扶贫村的路、水、电等公共基础设施，推动“四改”（改水、改厕、改圈、改灶）和“四化”（美化、亮化、绿化、硬化）工程覆盖所有乡村旅游扶贫示范村，促进贫困村生产生活环境的改善。同时，按照“村庄景区化，设施旅馆化”标准，改造了一批旅游扶贫试点村的传统民居为现代民宿，成功在旧州举办了全国民宿大会实地观摩会。

四是生态与文化结合。立足自然山水、历史文化、民族风情等资源，大力推进生态、文化与旅游融合发展，实施“绿色扶贫”计划，在发展乡村旅游经济的同时，保护原生态自然风光，延续乡村历史文脉。突出生态特色，保护生态原貌，把环境整治、设施建设和风貌改造、文化传承相结合，不改变乡村树木、鱼塘、水井、溪流等自然要素的形态，打造了金果大坝、田园浪塘、荷塘九溪等一批生态特色乡村旅游扶贫示范村，其中浪塘的“微田园”建设得到中央、省、市领导的肯定。坚持文化为魂，对屯堡文化、榉洞文化、红色文化、古镇、古民居、古寺庙等物质文化遗产和地戏、屯堡抬轿子、傩雕等非物质文化遗产进行系统性保护修复、挖掘整理，以实景演出、特色商品等形式融入乡村旅游扶贫，在带动群众增收的同时传承和弘扬宝贵的传统文化，打造了旧州生态文化小镇、刘官傩雕小镇、黄腊布依风情小镇等一批乡村旅游扶贫乡镇。

五是产业与新型城镇化结合。作为全省整县推进小城镇建设试点城市，安顺市将发展乡村旅游扶贫作为推进城乡统筹的重要手段，努力推动乡村旅游和新型城镇化融合发展。按照“全域安顺、产城互动、景城一体、城乡统筹”的要求，以新型城镇化为统领，把乡村旅游扶贫规划融入新型城镇化发展规划，在选点上优先将乡村旅游扶贫示范村作为美丽乡村建设示范村打造，在资金上进行捆绑使用，在项目上统一布局。同时，全面推行“一分三向”安顺模式，注重提高贫困村的公共服务和社会保障水平，深化束缚农民市民化的体制机制改革，有序引导贫困人口向中心城区、重点镇、美丽乡村聚居，实现农业转移人口就地城镇化，探索形成了“1+N”镇村联动发展模式。

通过以上的发展措施，安顺市加快了水道、慢道、轨道“三道”规划建设，把公路做成乡村景观大道；把城市、城镇、景区和乡村景点连成一体，达到景点串成景区，景区串成线路；形成了优化配置、处处是风景、处处可旅游的乡村旅游发展格局。“十二五”期间，安顺市乡村旅游接待收入 6.14 亿元，带动就业人数 12.69 万人，乡村旅游实现脱贫人数 2.83 万人，乡村旅游经营户达 1628 个。①“十三五”期间，全市接待游客累计突破 4 亿人次，旅游总收入累计超过 3900 亿元。制发《安顺市旅游扶贫行动方案》《旅游项目建设扶贫工程实施方案》等行动方案，总结推广旅游景区带动、旅游扶贫公司带动、能人带动、扶贫合作社 + 农户示范项目带动“四大扶贫模式”，带动建档立卡贫困人口就业增收，塘约村、高荡村、大坝村入选全国乡村旅游重点村。全市打造国家级休闲农业与乡村旅游示范区 1 个、国家级休闲农业与乡村旅游示范点 2 个、省级休闲农业与乡村旅游示范点 5 个、中国美丽休闲乡村 4 个，获得国家民委命名挂牌的少数民族特色村寨 16 个，有力促进乡村旅游发展提档升级。②

第四节　安顺市西秀区乡村旅游精准脱贫户的获得感

通过一系列乡村旅游精准脱贫措施，安顺市有效带动乡村贫困人口实现脱贫。2020 年，全面建成小康社会的第一年，安顺市接待游客 6131.57 万人次，实现总收入 511.12 亿元，分别占全省百分比的 9.92% 和 8.83%，文旅扶贫成效

① 《精准扶贫亮点处处有　项目助力群众腰包鼓》，载《安顺日报》，2016-04-08。

② 《安顺市加快推进旅游产业化发展》，载《安顺日报》，2021-07-15。

明显。为了深入了解精准脱贫户个体在这一系列脱贫政策下的获得感，课题调研团队根据乡村旅游精准脱贫户的获得感测量指标体系，对安顺市乡村旅游精准脱贫户进行了问卷和访谈调查。

一、安顺市乡村旅游精准脱贫户的获得感测量

在安顺市西秀区随机走访乡村旅游精准脱贫户 100 户，面向乡村旅游精准脱贫户总共发放问卷 100 份，回收有效问卷 98 份。问卷数据如下。

（一）获得

1. 经济获得感

（1）致贫原因

表 4–1　安顺市西秀区致贫原因统计表

指标	致贫原因			
	因病	因伤	因残	其他
数量（户）	56	12	5	25
占比（%）	57.14	12.25	0.05	25.51

数据显示，在被调研到的数据样本中，大部分的致贫原因都是因疾病，说明在农村，生病带来大额医疗费用是导致家庭贫困非常重要的原因。“其他”选项占比 25.51%。在交谈中发现，这一类中大部分家庭人口多，特别是正在读书期间的孩子多，家庭收入有限，除了务农以外没有其他收入来源，引发贫困。

（2）经济收入

表 4–2　安顺市西秀区经济收入统计表

指标		经济收入（元）			
选项		0—2855	2855—3050	3050 元以上	
旅游开发前	数量（户）	57	41	0	
	占比（%）	58.16	41.84	0.00	

续表

指标		经济收入（元）				
选项		3000 元以下	3000—5000	5000—8000	8000—10000	10000 元以上
旅游开发后	数量（户）	78	18	2	0	0
	占比（%）	79.59	18.37	2.04	0.00	0.00

数据显示，旅游开发前在贫困线下的脱贫户，通过乡村旅游发展都获得了一定程度的增长，但是增长幅度不算太大，人均纯收入主要集中在 3000—5000 元。

（3）家庭收入来源

表 4-3　安顺市西秀区家庭收入统计表

指标		家庭收入主要来源				
选项		务农	务工	救助金	社保金	
旅游开发前	数量（户）	50	27	7	14	
	占比（%）	51.02	27.55	7.14	14.29	
选项		务农	务工	救助金	社保金	旅游经营
旅游开发后	数量（户）	32	25	4	11	65
	占比（%）	32.65	25.51	4.08	11.22	66.32

数据显示，在旅游开发前，大部分贫困户的家庭收入来源首先是农业，其次为外出务工，部分家庭依靠救助金和社保金。旅游开发后，通过发展乡村旅游，贫困户开始从事与旅游相关的经营活动，因选取的调研对象是家中有成员从事旅游经营活动的家庭，因此旅游经营收入成为其收入来源之一，务农减少了一些，外出务工仍然存在。说明旅游业的发展在解决安顺市农村劳动力的就业问题上的效果是相对明显的，可以进一步提升旅游业态、扩大就业面。

（4）旅游收入来源

表 4-4　安顺市西秀区旅游收入统计表

指标	旅游收入来源			
	餐饮	住宿	商品买卖	集体分红
数量（户）	13	8	58	21
占比（%）	13.27	8.16	59.18	21.43

此题为多选题，问卷数据显示，选择多项的户数并不多，说明旅游经营活动形式还是比较单一，同时大部分调查对象都是选择商品买卖、集体分红两项，由此可见，从事餐饮和住宿获取收入的家庭不多。

2. 社会获得感

（1）文化程度

表 4-5　安顺市西秀区贫苦户文化程度统计表

指标	家庭人口最高文化水平			
	小学及其以下	初中	高中	大专及其以上
数量（户）	20	54	13	11
占比（%）	20.40	55.10	13.26	11.22

数据显示，大部分贫困户中，家庭成员最高文化程度只达到初中水平。贫困户整体文化水平较低。

（2）社区参与

表 4-6　安顺市西秀区贫困户的社区参与度统计表

指标		社区参与				
选项		传统节日	社区选举	探亲访友	社团组织	文艺展演
旅游开发前	数量（户）	82	43	38	24	18
	占比（%）	83.67	43.88	38.78	24.49	18.37
旅游开发后	数量（户）	82	43	59	42	40
	占比（%）	83.67	43.88	60.20	42.86	40.82

数据显示，旅游开发前后，传统节日、社区选举这类活动的参与，脱贫户在开发前后没有太大的变化，但是探亲访友、社团组织和文艺展演在旅游开发前后发生了变化。

（二）获得感

1. 经济建设带来的获得感——物质与成本

（1）乡村旅游产业发展

表 4-7　安顺市西秀区脱贫户对乡村旅游产业发展的满意度统计表

指标	乡村旅游产业发展	
	满意	不满意
数量（户）	78	20
占比（%）	79.59	20.41

数据显示，安顺市乡村旅游脱贫户对旅游产业发展总体上是满意的。

（2）就业岗位

表 4-8　安顺市西秀区脱贫户就业岗位的满意度统计表

指标	就业岗位	
	满意	不满意
数量（户）	54	44
占比（%）	55.10	44.90

数据显示，安顺市乡村旅游脱贫户对乡村旅游产业发展带来的就业岗位增加的满意度不显著。

（3）收入水平

表 4–9　安顺市西秀区脱贫户收入水平的满意度统计表

指标	收入水平	
	满意	不满意
数量（户）	50	48
占比（%）	51.02	48.98

数据显示，安顺市乡村旅游脱贫户对乡村旅游产业发展带来的收入水平提升的满意度不显著。

（4）物价水平

表 4–10　安顺市西秀区脱贫户物价水平的满意度统计表

指标	物价水平	
	满意	不满意
数量（户）	35	63
占比（%）	35.71	64.29

数据显示，安顺市乡村旅游脱贫户对乡村旅游产业发展带来的物价水平上升不满意。

（5）贫富差距

表 4–11　安顺市西秀区脱贫户贫富差距的满意度统计表

指标	贫富差距	
	满意	不满意
数量（户）	32	66
占比（%）	32.65	67.35

数据显示，安顺市乡村旅游脱贫户对贫富差距的加大不满意。

2. 社会建设带来的获得感——公平与自由

（1）民主建设

表 4–12　安顺市西秀区脱贫户民主建设的满意度统计表

指标	民主建设	
	满意	不满意
数量（户）	76	22
占比（%）	77.55	22.45

数据显示，安顺市乡村旅游脱贫户对民主建设较为满意。

（2）法治建设

表 4–13　安顺市西秀区脱贫户法治建设的满意度统计表

指标	法治建设	
	满意	不满意
数量（户）	65	33
占比（%）	66.33	33.67

数据显示，安顺市乡村旅游脱贫户对乡村法治建设较为满意。

（3）反腐倡廉

表 4–14　安顺市西秀区脱贫户反腐倡廉的满意度统计表

指标	反腐倡廉	
	满意	不满意
数量（户）	89	9
占比（%）	90.82	9.18

数据显示，安顺市乡村旅游脱贫户对社会的公平正义极为满意。

3. 文化建设带来的获得感——知识与能力

（1）文化生活

表 4–15　安顺市西秀区脱贫户文化生活的满意度统计表

指标	文化生活	
	满意	不满意
数量（户）	65	33
占比（%）	66.33	33.67

数据显示，乡村旅游产业发展丰富了脱贫户的文化生活，脱贫户对此较为满意。

（2）教育水平

表 4–16　安顺市西秀区脱贫户教育水平的满意度统计表

指标	教育水平	
	满意	不满意
数量（户）	76	22
占比（%）	77.55	22.45

数据显示，乡村旅游产业发展带来了教育观念的提升，村民对教育水平的提高比较满意。

4. 社会建设带来的获得感——保障与尊严

（1）住房保障

表 4–17　安顺市西秀区脱贫户住房保障的满意度统计表

指标	住房保障	
	满意	不满意
数量（户）	45	53
占比（%）	45.92	54.08

数据显示，乡村旅游产业发展对住房保障带动作用不明显，村民的满意度

不高。

（2）社会保障

表 4–18　安顺市西秀区脱贫户社会保障的满意度统计表

指标	社会保障	
	满意	不满意
数量（户）	68	30
占比（%）	69.39	30.61

数据显示，乡村旅游产业发展让村民获得了社会保障，脱贫户总体比较满意。

（3）基础设施

表 4–19　安顺市西秀区脱贫户基础设施的满意度统计表

指标	基础设施	
	满意	不满意
数量（户）	80	18
占比（%）	81.63	18.37

数据显示，对乡村基础设施建设和完善，脱贫户总体比较满意。

5. 生态文明建设带来的获得感——秩序与安全

（1）居住环境

表 4–20　安顺市西秀区脱贫户居住环境的满意度统计表

指标	居住环境	
	满意	不满意
数量（户）	76	22
占比（%）	77.55	22.45

数据显示，乡村旅游产业发展带来了乡村居住环境的有效改善，脱贫户总体比较满意。

（2）环保工作

表 4-21　安顺市西秀区脱贫户环保工作的满意度统计表

指标	环保工作	
	满意	不满意
数量（户）	69	29
占比（%）	70.41	25.59

数据显示，乡村旅游产业发展增强了村民的环境保护意识，村民对此较为满意。

以上数据综合显示，安顺市乡村旅游精准脱贫户的获得感在物质、安全、能力、公平、尊严等主观感受上存在差异，其中物质、安全方面获得感较强，在能力、公平、尊严等方面相对较弱。

二、安顺市乡村旅游精准扶贫中存在的问题

结合安顺市乡村旅游精准脱贫户的获得感测量结果和访谈来看，安顺市乡村旅游扶贫工作在取得一定成效的同时，也存在着一些问题。主要有以下几个方面：

其一，乡村旅游扶贫投资不足，筹资渠道少。由于缺少省、市专项资金支持，加上安顺市本身财政紧张，资金筹措渠道少，而旅游开发所需启动资金量大，导致对乡村旅游扶贫的投入十分有限，贫困户申请银行贷款的审批手续繁杂、贷款困难，使得大部分乡村旅游扶贫示范村的开发还停留在初级阶段，层次和质量都较低。

其二，贫困户参与积极性不高，市场意识不强。大多数贫困户都是被动参与旅游开发，单纯依靠政府政策支持，缺少主动经营的积极性。贫困户积极性不高的原因主要是缺少市场意识，认为乡村旅游风险大、成本投入高。同时对自身也是缺乏信心，甚至把发展乡村旅游与扶贫对立看待，认为旅游是“花架子”，这些错误观念也阻碍了乡村旅游产业发展。

其三，乡村旅游发展规划相对滞后。安顺市乡村旅游发展仍然处于起步阶段，受制于规划权限、规划能力等问题，乡村旅游规划工作开展较晚，不少贫困村仍然没有整体的旅游发展规划，同时村与村之间发展规划也缺少融合协调，旅游规划与其他规划的融合程度也相对较低。

其四，多数建档立卡贫困村基础条件差，难以开展旅游活动。大多数贫困村通达条件差、配套设施基本没有，贫困户多数是经济、能力、条件多种致贫原因叠加的结果，住房条件、个人能力、经济收入大多不符合参与乡村旅游扶贫所必备的要素。如岩腊乡距保城区有 50 公里远，本身旅游资源也不突出，要开展旅游活动非常困难。

其五，乡村业态尚未丰富，产品特色不足。大多数乡村旅游扶贫示范村的业态都较为单一，缺乏特色，都是以烧烤、农家乐为主，高档次的旅游业态相对较少，缺乏吸引力；生态旅游和养生旅游没有形成常态，如大黑虽有“候鸟经济”，但平时游客稀少。客栈民宿大部分与省内大理、丽江等地的客栈差距较大；游玩以观光型为主，住、购、娱其他要素基本缺失，因此无法吸引远程游客。同时，旅游商品严重缺乏，甚至部分乡村旅游扶贫示范点小卖部都匮乏，导致游客“有钱买不到东西”。

其六，经营不够规范，服务质量不高。尚未形成乡村旅游服务管理的有效机制，监管和服务不到位，大部分示范村的乡村旅游仍处于粗放阶段。从业人员素质较低。由于从业人员基本上都是本土农民，综合素质和能力相对偏低，特别是在民族地区，不少贫困户听不懂普通话，导致难以开展相关工作。

其七，传统村落保护形势严峻。在推进新型城镇化的进程中，由于传统村落关注度不够、发展模式单一、人为破坏、自然破败等原因，导致不少传统村落的乡村旅游资源遭到破坏，而很多传统村落恰恰也是贫困村。

其八，缺少省级以上宣传推介平台。安顺市的乡村旅游宣传大都局限于安顺市范围内，市外、省外的宣传较少，尤其是省级以上宣传不足，缺少全省、全国宣传平台。

其九，社会合力不够，企业参与不足。安顺市乡村旅游扶贫工作主要还是政府主导，企业、合作社等民间资本的参与度仍然不够，社会对乡村旅游扶贫的关注度也不高。

第五节　启示：创新引领、融合发展

通过对“国家全域旅游示范区”安顺市乡村旅游发展现状、问题的历史回顾，结合乡村旅游精准脱贫户获得感测量结果，综合乡村旅游精准扶贫中存在的问题，对全域旅游示范区模式下乡村旅游精准扶贫及乡村振兴建设有以下几点启示。

一、指导思想

乡村振兴应紧紧抓住作为“国家全域旅游示范区”的重要机遇，以全域发展为方向，以旅游供给侧结构性改革为重点，将乡村旅游要素集群化、产品特色化、服务个性化、环境优质化进行高度融合，以促进产业增效、农户增收为目标，以推动结构调整和产业化经营为主线，进一步实施乡村旅游带动乡村振兴的发展。

二、发展战略

按照“乡村旅游发展带动乡村振兴，乡村振兴促进乡村旅游发展”的思路，以发展乡村旅游为载体，以增加农民收入为首要任务，以农业现代化、旅游产业化和美丽乡村建设为抓手，全力推进乡村旅游，创出特色，抓出成效，走在前面，在2020年实现全面小康社会的目标后进一步推动乡村振兴。

（一）创新引领战略

1. 定位创新

以“国家全域旅游示范区”为抓手，引领乡村旅游的战略构架和产品支撑，并以此作为“国家全域旅游示范区”的重要组成部分。

2. 理念创新

以高屋建瓴的眼光，挖掘独特的乡村自然生态和民族文化特色资源优势，丰富创意理念和创新思路，打造原生态、特色强、高附加值的旅游精品，凸显乡村旅游产品的原真性和唯一性。

以山地生态为基础，以乡村文化为灵魂，以旅游发展为突破口，以乡村振兴为导向，加快美丽乡村文明建设，积极发展高效山地农业经济，开拓一条可持续的乡村旅游发展之路。

3. 模式创新

（1）网状格局发展模式

推进全域谋划、统筹布局、突出重点，形成一个有斑块有廊道的网状格局，构建一个全新的乡村旅游发展生态圈，形成乡村旅游目的地的核心竞争力。

（2）农旅融合发展模式

推动旅游产业化与农业现代化融合发展，强化乡村旅游的先导、关联、振兴带动作用，推动农业围绕乡村旅游提升、三产依托乡村旅游延伸、文化联姻乡村旅游做大、乡镇联合乡村旅游做靓、百姓参与乡村旅游受益，形成符合实际的农旅融合发展模式。

（3）山地体育旅游模式

充分放大乡村山水休闲、自然养生、体育运动等优势，完善乡村山地度假服务产业集群，营造乡村山地旅游体育休闲基地，联动坝陵河大桥国际低空跳伞挑战赛、格凸河国际攀岩运动基地等。

（4）快行慢游模式

确保乡村旅游交通的畅通和快捷，方便游客进入乡村旅游区后，可以选择徒步、自行车、马车等多种方式进行深度旅游体验，从而实现以快速进入、慢速游览的思路和体系打造乡村旅游产品的新模式。

4. 业态创新

抓住乡村旅游发展新机遇，积极培育乡村旅游新业态、新增长点和新消费热点，特别是特色农业旅游上的业态创新，如现代农业生态旅游观光园、经果林旅游观光带、精品水果观光采摘园、农业休闲旅游等；特色体育旅游上的业态创新，如乡村自驾游、乡村露营基地、水上旅游、低空飞行等。

5. 产品创新

构建特色鲜明、竞争力强的村寨旅游产品、特色民宿、农业观光园、自驾车营地、文化遗产道、百里乡村风光道、峡谷水域风光等乡村旅游吸引物体系，突出当地旅游产品的核心“亮点”，加强重点乡村旅游业态和项目引领作用。

6. 体制创新

创新体制机制和金融政策，构建更具活力的乡村旅游发展平台，逐步推进乡村旅游产业转型升级，促进乡村振兴目标的实现。

（二）融合发展战略

1. 现代农业与乡村旅游融合发展

强化现代农业与乡村旅游融合发展，根据典型喀斯特地形地貌特征，充分挖掘乡村生态休闲、旅游观光、文化教育价值，积极开发农业多种功能，促进农业产业化经营，延长农业产业链，带动农副产品和手工艺品加工、休闲地产等相关产业发展，使农业产业规模化和品牌化发展并进。

2. 旅游发展与乡村建设融合发展

乡村旅游发展与“美丽乡村 · 四在农家”建设相结合，生态保护、修复和农业景观建设的结合，改善乡村景观，优化乡村资源结构，提高乡村地区对城市客源市场的吸引力，在保持传统乡村风貌的前提下推进农村人居环境整治，融入当地的人文历史、风俗民情、产业亮点，促进特色村寨和特色小镇的建设和发展。

3. 旅游景区、旅游企业带动乡村振兴

充分发挥“黄龙格屯”等景区和贵航集团、多彩万象城、兴伟石博园等企业的龙头带动作用，促进乡村振兴。通过乡村旅游抓产业，产业发展带民富的方式，按照“旅游景区 + 风情小镇 + 特色农庄”等发展模式，与美丽乡村建设、生态林业建设相结合，推动乡村旅游景区规模化和特色化发展。

（三）项目带动战略

1. 以大项目带动大投入

以大项目带动乡村旅游发展的大投入，配套项目建设以及上下游产业的可持续发展，使乡村旅游形成良性循环的产业链条，同时通过招商引资，以大投入盘活社会资本，全方位带动乡村经济发展。

2. 以大项目提升大产品

开发建设一批资源品位高、配套条件好、市场潜力大、组合能力强、辐射带动作用大的精品乡村旅游项目，引领乡村旅游产业转型升级，提高乡村旅游产品的吸引力和竞争力。

3. 以大项目推动大营销

建立健全乡村旅游发展项目库，精心策划、科学论证，着重推出几个有省级甚至国家级示范意义、带动作用重大、具有突破性创新举措的精品乡村旅游项目。

三、着力实施乡村旅游振兴工程

（一）农村电商建设工程

大力推进旅游“互联网 +”，加快建设旅游电商产业平台，打造旅游电商创客空间。鼓励乡村旅游示范区、农业公园、休闲农业园区、乡村客栈、乡村精品酒店、农家乐、旅游商品与土特产企业等旅游相关企业与旅游网络运营商建立深度合作关系，大力培育一批规模网商和电商带头人，包装推出一批农副产品品牌、手工艺品、乡村旅游区、乡村客栈等线上销售，通过电子商务创新传统旅游企业经营模式。鼓励电子商务第三方交易平台渠道下沉，带动基层旅游创业人员依托其平台和经营网络开展旅游创业。

（二）乡村人力资源开发和旅游培训工程

加强人力资源开发是加快乡村旅游业发展和提高服务质量水平的重要支撑条件，为适应乡村旅游发展对人力资源的需求，应做到以下几点。

1. 完善教育培训体系

把提高员工的文化水平和业务素质纳入制度化、规范化的轨道，逐步推广岗前培训、上岗培训、轮岗培训，使从业人员的文化结构发生较大转变，依托各高校、职业院校等培训学校，逐步建立一批市级、县级、乡级乡村旅游培训基地。结合实施技能培训、乡村工匠能人培养、“雨露计划”以及农村家庭子女“圆梦行动”“助学工程”，通过送教上门、集中授课、结对帮扶、技能巡演、以赛促训，从服务礼仪、农家乐 / 乡村客栈的客房操作、传统菜制作等方面进行系统培训，激发农民办旅游的积极性和提高农民办旅游的能力，强化服务意识，提高旅游服务水平。对乡村旅游重点村的从业人员按规定落实职业培训补贴，积极资助和鼓励支持农村家庭学生参加各类旅游专业培训。

2. 强化导游、讲解员及管理人员队伍

认真组织宣传、旅游、文史等部门编写乡村旅游从业人员培训教材、导游手册、导游词和解说词，积极培养乡村旅游导游人员，建立一支热心公益事业、关心爱国主义教育，有较高业务水平的导游、讲解员及管理人员队伍。

3. 聘请专家组成顾问团，建立“旅游顾问制度”

以培养旅游目的地专家、主题旅游专家为手段，利用他们的知识、智慧和社会关系资源，使其成为乡村旅游发展的重要智力支撑。聘请专门的研究机构为乡村旅游发展的长期顾问公司；聘请专门的广告宣传营销机构为营销顾问公司；引进国际国内著名的旅店、饭店之类的管理公司、连锁经营集团，聘请其为管理顾问公司。

（三）服务标准化建设工程

按照“内优服务、外拓市场”要求，由市旅游部门牵头，行业指导，实施乡村旅游振兴标准化建设工程，建立包括民居旅馆、乡村主题酒店、营地、避暑酒店、特色接待设施和服务，村寨、小镇和自然风光景区建设和管理，农业旅游园区建设和服务，风味餐饮、有机餐饮设施和服务，山地户外运动设施和服务，旅游商品和旅游购物场所设施和服务的七大乡村旅游振兴标准体系。

（四）返乡创业示范带动工程

把旅游的“大众创业，万众创新”与农业现代化紧密结合起来，重点加快旅游带动乡村创业的观念创新、产品创新和体系创新。各地充分利用“空心村”以及废弃的农田、房屋等资源，把其转化为旅游开发的存量资源，改造成为新型旅游众创空间，鼓励设立民间艺人工作室、农村创新驿站等。

加大对返乡大学生、农民工开展乡村旅游创业的支持力度。以乡村旅游和旅游扶贫为重点，大力支持返乡大学生和农民工开展旅游创业。深入实施农村青年旅游创业富民行动、大学生返乡旅游创业计划，支持建设一批乡村旅游扶贫和大学生旅游创业示范基地或孵化器。整合利用返乡农民工创业、大学生创业等资金，支持以土地租赁方式进行返乡旅游创业基地建设。支持妇女围绕传承民族文化从事手工业创业，支持建设一批非物质文化遗产传承示范基地，开发民族、民间手工艺新作品。

（五）投资平台建设工程

鼓励农户和回乡创业农民工以房屋、宅基地、土地承包使用权、资金、技术等投入乡村旅游扶贫开发，同等条件下优先给予支持。将小微型旅游企业和乡村旅游纳入各级政府创业就业和贷款支持范围。鼓励中小旅游企业和乡村旅游经营户以互助联保方式实现小额融资。鼓励开展农村集体经济组织依法以集体经营性建设用地使用权入股、联营等形式与其他单位、个人开办旅游企业的试点。

第五章　“四在农家”起源地的脱贫户获得感研究：遵义市余庆县

第一节　乡村旅游发展的“余庆模式”

余庆县于2001年率先开展以“富在农家、学在农家、乐在农家、美在农家”为核心的“四在农家”创建活动，成为贵州省委、省政府全力实施的乡村旅游发展对象。“四在农家”创建活动已深入贵州乡村建设的每个角落，对于提升贵州乡村旅游发展和乡村旅游扶贫起到了极大的促进作用。

2017年，贵州省印发了《中共贵州省委办公厅　贵州省人民政府办公厅关于整体改善农村人居环境全面加快“四在农家·美丽乡村”建设的实施意见》，指导加快“四在农家·美丽乡村”的创建。结合党的十九大提出的乡村振兴战略，余庆县作为“四在农家”起源点，实现了乡村振兴战略时代背景下“四在农家·美丽乡村”创建活动的“余庆模式”，起到了示范带动作用。

余庆县坚持实施“旅游强县”战略，按照“一业三化”总体要求，推进旅游产业持续快速、健康发展。2008—2015年，余庆县相继出台《余庆县乡村旅游规划》（2008）、《余庆县乡村旅游试点工作方案》（2012）、《余庆县乡村旅游富民工程扶持政策》（2013）、《进一步扶持乡村旅游发展相关政策》（2014）、《余庆县“四在农家·美丽乡村”旅居农家项目建设方案》（2015）等相关规划与政策，坚持把“旅居农家”融入“四在农家·美丽乡村”创建工作中，建设“看得见山，望得见水，记得住乡愁”的“全景余庆”美丽乡村示范区。2017年，出台《余庆县旅游局关于大力发展乡村旅游扶贫工作方案》，加大对乡村旅游的资金投入，将乡村旅游扶贫发展专项资金列入县旅游部门预算。

一、原生态的山水风光为生态旅游奠定基础

余庆县地处黔中腹地，自然旅游资源丰富，风光秀美。山水、云雾、森林完美组合，气候宜人，生态环境十分优越。为开展生态观光、休闲度假、避暑养生、山地探险旅游提供了良好的自然资源基础。

（一）山地资源

山地占全县面积 62.09%，县内最低海拔 400 米，最高海拔 1386.5 米，多数地区海拔在 600—900 米之间，为避暑休闲提供了良好的自然环境。①

（二）水文资源

余庆县境内有河流溪沟 67 条，总长 1060 公里，主要有乌江、余庆河、觉林河三大水系。

乌江：贵州第一大河流，西向东横贯县境中部。其干流流经余庆县 69 公里，余庆县有 8 镇 1 乡 1 个街道办，直接在乌江两岸的有 6 个乡镇。以构皮滩电站大坝为参照，坝以上有花山、龙家、构皮滩、敖溪 4 个乡镇，干流长 35 公里，坝以下有大乌江、关兴 2 个镇，干流长 34 公里。

余庆河：乌江一级支流，为境内第二大河，从南到北流经县的东南部。县内干流长 30.2 公里，流域面积 540.2 平方公里，占全县总面积的 33%。

觉林河：位于县境东北部，属乌江一级支流。县境内干流 22.6 公里，流域面积 135.1 平方公里，占全县总面积的 7.3%。

（三）林木资源

全县森林覆盖率 54.8%，有树种 82 科 360 种，其中近 20 年来新引进外地水杉、柳杉、华山松、北炬松、云南松等 10 余树种。有药用野生植物 400 余

① 余庆县域人口、地理等基础数据来自《余庆县乡村旅游扶贫专项规划（2018-2020）》，北京京师天成旅游规划设计咨询有限公司编制，余庆县文旅局提供。

种、野生动物资源200余种。

二、厚重的文化底蕴为旅游发展提供内涵支撑

文化推动经济社会的力量不可忽视，旅游产业发展同样需要文化强有力的支撑。通过文化与旅游的碰撞和互动，特别是将本地文化、传统文化的挖掘和开发建设推动文化与旅游发展有机耦合，赋予更加深刻的文化内涵和独特的文化魅力，为当地旅游增添文化的内涵支撑，为文明城市的创建注入新鲜活力。

余庆县丰富的民族文化、民俗文化、红色文化、茶文化、他山文化、龙文化、乌江文化、土司文化、电站文化、移民文化等，为旅游的发展提供优质的内涵支撑。

（一）民族文化

余庆有汉族、苗族、仡佬族、侗族、土家族、布依族、壮族、高山族等23个民族，据2017年3月统计，全县22个少数民族共计30984人，占全县总人口的9.9%，其中白泥镇明星村大岭的苗族保留着十分鲜明的民族文化。

（二）民俗文化

余庆县的传统民族民间戏剧有川戏、灯戏、阳戏、傩戏，其中以龙家川剧最具特色；民族民间舞蹈有钱杆舞、矮人舞、板凳舞；民族民间音乐有民间小调、锣鼓、唢呐、龙灯、花灯；传统民间工艺有泥塑工艺、桥底麻糖工艺、木雕工艺；传统民俗活动有飞龙洞庙会等。

余庆县成功申报的省级非物质文化遗产有黔北花灯、余庆龙灯、余庆矮人舞、余庆打闹歌；市级非物质文化遗产有余庆泥牛黄泥塑工艺。

（三）红色文化

1935年1月中共中央下达“建立川黔边新苏区根据地”的中心任务，是年1月3日—7日红军各部队在江界河发起猛烈攻势，最终强渡乌江成功。占领遵义后，红军得到了宝贵的休整时间，为中央政治局会议的举行创造了良好的条件。

此次在历史上具有重大意义的红军强渡乌江在江界河渡口、龙溪廻龙场渡口和岩坑渡口同时进行，都获得了成功，但由于构皮滩电站的建设，江界河渡口和岩坑渡口的遗址都已被淹，仅余庆县留存廻龙场红军强渡乌江战斗遗址、红军强渡乌江指挥部遗址。现在仍可在余庆县感受当年红军强渡乌江的壮烈场景，此遗址的唯一性让余庆的红色文化在遵义市也占有一定地位。

（四）茶文化

余庆县素有“中国小叶苦丁茶之乡”“全国无公害农产品（苦丁茶、绿茶）生产示范基地县”的美称，获国家原产地域保护的小叶苦丁茶享有“绿色金子”的美誉以及“小叶苦丁茶地理标志保护产品”的全国性殊荣。

余庆县具有高海拔、低纬度、寡日照、多云雾的地形和气候特点，种茶、制茶已有1100余年的历史。到2017年，全县有茶园面积18.2万亩，其中绿茶基地10.4万亩、苦丁茶基地4万亩、白茶基地3.8万亩。并有“飞龙湖”“余庆绿翠”“凇烟”“春夏秋冬”“富源春”“茗园春”“柏果山”“构皮滩”“河江”“御之茗”等10余个茶叶商标和品牌，参加各种茶文化评比获得多项殊荣，其中，2011年8月“飞龙湖”牌白茶荣获“中茶杯”全国名优茶评比特等奖，2013年4月余庆县小叶苦丁茶荣获“第31届巴拿马国际博览会”金奖。“生态余庆·茶旅养生”品牌正在将余庆的干净茶推向全国以及全世界。

（五）他山文化

余庆县他山曾有多位名人隐居，并对后世人产生一定影响。现存有“他山”两字于巍峭陡立的石壁上，正楷直书，每字约0.4平方米。其右转弯处有一剔地摩崖，长约0.9米，宽0.6米，正楷竖刻“钱开少放歌处”，款记“永历丁西春题”6个字。

郑逢元（1613—1689），顺治年间任尚书左都御史，于顺治七年（1650年）葬父余庆城南而奉母隐居于蒲村。晚年归隐后所作诗集《谷口集》，署名天问。《黔诗纪略》收其诗18首。余庆县文联2009年编的《溯源他山》增录其文2篇。其诗思想境界高，对余庆后世有一定影响。

钱邦芑（1602—1673），明永历年间，本为朝廷重臣，因与恃重兵挟持永历的孙可望不协，隐居于余庆蒲村。钱点，官监纪，壬辰（1652年）春，随叔父钱邦芑隐居蒲村并终老蒲村。钱邦芑、钱点隐居余庆期间，在其周围隐然形成了一个以气节自励、效忠明室，且影响很大的既不与孙可望合作，又不投降清廷的遗民团体，并创作了大量诗文。《溯源他山》共收录钱邦芑诗234首，文35篇；钱点诗45首。这些诗文，是余庆文艺史，也是贵州文艺史上的重要著作，对黔北文学产生了深远的影响。

（六）龙文化

余庆县龙文化资源丰富，飞龙湖令海内外瞩目，全县以“龙”命名的山岭、河流、村寨有百余个。国家“西电东送”的标志性工程——构皮滩水电站建成后所形成的面积近100平方公里的“飞龙湖”，使余庆县在龙文化领域名声大振，成为龙文化研究、传播、弘扬的重要阵地。

龙家镇，位于飞龙湖库区。当地人的日常生活中，也保留着很多与龙有关的传统，比如舞水龙——传承了数百年的求雨祭祀活动。

花山乡，飞龙湖畔屹立着999米的“天下第一长龙”观光长廊，并在江水上涨后形成的码头边修建了龙文化祭祀广场，雕有上百种龙形图案。

三、优良的资源组合为乡村旅游提供资源基础

余庆县旅游资源独特，自然景观和人文景观交相辉映。其中自然旅游资源以老林河、飞龙湖、乌江、古树、猕猴半岛、大银山云海等作为代表，涵盖地文、水域、生物、天象气候多项景观。

地文景观分布较为广泛，其中以大乌江镇、关兴镇、白泥镇、构皮滩镇较集中、级别较高；水域风光以乌江画廊、飞龙湖为主线，其余支流、水库为辅，遍布各个乡镇，其中大乌江镇、构皮滩镇、花山苗族乡、白泥镇、龙溪镇较为突出；生物景观分布也较为广泛，其中白泥镇、构皮滩镇、龙家镇生物景观品质较高；天气与气候景观分布较少，仅出现在老林河景区、玉笏山森林公园。

人文旅游资源以明清余庆县衙署遗址、古驿道、天下第一长龙、雷家大院、刘老根木雕、矮人舞、红渡梯田及旅居农家、红军强渡乌江指挥部遗址、

松烟骑游公园等为代表，涵盖遗址遗迹、建筑设施、传统工艺、人文活动、乡村旅游、红色文化、山地体育等各方面。主要分布于大乌江镇、构皮滩镇、关兴镇及松烟镇、白泥镇、花山苗族乡。

余庆县通过类型多样且丰富优质的自然与人文旅游资源单体区域之间的组合，实现自然旅游资源的保护与人文旅游资源的适当开发，使一个旅游区呈现出不同的旅游资源吸引力，满足旅游者不同的旅游需求。

四、“四在农家”的创建为乡村旅游提供品牌支撑

余庆县乡村旅游凭借得天独厚的优势，作为“四在农家”的起源地，为余庆县发展美丽乡村提供了强大的品牌支撑。余庆县“富在农家，学在农家，乐在农家，美在农家”乡村精神文明创建活动，以“富在农家增收入，学在农家长智慧，乐在农家爽精神，美在农家展新貌”为内涵，以引导农民增收致富为前提，改善农民的人居环境和生产生活条件，改变农民的精神面貌。2001 年，余庆县率先开展的“四在农家”创建活动，在省、市、县各级各部门的精心浇灌下，最终走出余庆，覆盖遵义，推广贵州，影响全国，成为西部地区新农村建设的好载体，现已成为全国新农村建设模式之一。“四在农家”20 多年的创建经验与积累，结合乡村振兴战略的持续深入，“四在农家·美丽乡村”行动计划纵深推进并升级创建，创新探索出“四化”发展模式——标准化引领美丽乡村建设，特色化彰显地方人文色彩，生态化打造天蓝地绿新村，和谐化提升农民幸福指数。余庆县不断丰富“四在农家”创建内涵，提升创建品质，2016 年实现覆盖率 94%，惠及农村人口达 24.8 万人。

第二节　以旅居农家为品牌特色的乡村旅游扶贫

一、总体定位

余庆县建立以旅居农家为品牌特色的优质乡村旅游示范区。深入挖掘“四

在农家”精神文化内涵，结合乡村振兴战略契机要求，通过产品提升、产业融合、环境整治、风貌完善、文脉延续、设施提升等举措，重点将红渡·余庆坊、桃花坞·余庆坊、博士寨·余庆坊、白茶人家·余庆坊、河滨·余庆坊、坦泉部落·余庆坊等旅居农家打造成引领余庆乡村旅游发展的重要引擎，将整个余庆打造成以旅居农家为品牌特色的优质乡村旅游示范区。

二、发展战略

一是品牌带动。在全县整体打造余庆坊乡村旅游品牌，通过红渡·余庆坊、桃花坞·余庆坊、博士寨·余庆坊、白茶人家·余庆坊等不同的余庆坊产品打响知名度和影响力，吸引更多游客前来余庆，从而带动游客在余庆坊特色村落观光休闲度假，整体带动余庆县乡村旅游发展。

二是特色打造。针对 9 个镇重点的 16 个特色乡村因地制宜、特色化发展，根据村庄特色进行针对性分析，提出适合不同村庄实际情况的未来旅游发展之路。

三是文脉延续。乡村旅游发展过程中，除了重视对硬件等基础设施的提升完善，还应深入挖掘乡村文化，打造具有乡愁文化内涵的旅游目的地。

四是绿色生态。在乡村旅游发展过程中，不搞大拆大建，坚持乡村旅游发展与周边环境融合协调发展，认真贯彻“既要金山银山、又要绿水青山”的思想。

三、发展成效

“十三五”期间，余庆县建成 9 个旅游扶贫示范乡镇 16 个旅游扶贫示范村，即白泥镇哨溪和新寨村、大乌江镇红渡和箐口村、花山乡花山和回龙村、龙家镇先锋和平桃村、敖溪镇官仓和柏林村、松烟镇二龙和大松村、关兴镇狮山和高炉村、龙溪镇小河村、构皮滩镇高坡村，建成精品民宿客栈 500 家，床位数 3000 个。通过旅游产业发展，平均每年提供 50 个以上贫困人口直接就业机会，带动 1 万名以上建档立卡贫困人口增收脱贫。

四、余庆县乡村旅游扶贫开发模式

根据乡村资源特色及带动示范类型，余庆县将乡村旅游扶贫开发模式划分为景区带动型、商品带动型、产业融合型、通道景观型、城郊带动型等五大类型。

景区带动型：依托较为知名的景区景点来发展，村庄作为景区的服务配套提供餐饮、住宿、特色购物等功能，如狮山村、二龙山村等。

商品带动型：依托产业或文创购物产品较为丰富的村庄，通过物联网、互联网将村庄商品销售出去获取收益从而带动村庄村民致富。

产业融合型：依托村庄特色产业与旅游进行深度融合，通过农业＋旅游、旅游＋文化、旅游＋体育等方式，促进村庄经济发展，带动村民脱贫致富。

通道景观型：靠近重要的省道、干道等大交通的特色村庄，通过村庄风貌整治、景观提升和服务配套完善等方式，吸引顺道游客在此停留，促进村庄经济发展。

城郊带动型：在靠近城区的特色村庄，充分利用距离县城较近的优势，通过特色乡村旅游产品的开发吸引县城市民周末近郊游，从而带动村庄发展。

五、余庆县乡村旅游扶贫实施工程

（一）旅游产业提升工程

1. 农业产业提升

以余庆县茶、水果，蔬菜、中药材、养殖业五大农业产业作为支撑，实现农业“五突破五提升”。根据贵州省、遵义市深度贫困地区脱贫攻坚工作推进大会部署，结合余庆县产业发展基础和资源优势，重点实施生态茶叶、精品水果、生态畜牧、生态中药材等长效产业和生态蔬菜、食用菌、“稻＋”工程等短期产业扶贫发展工作。

发展思路：扩大特色产业种植面积，延伸产业链条、三产联动，培育产业品牌。

2. 旅游产业融合

推动旅游与多产业融合发展，培育“旅游+”融合发展企业。推进旅游与农业、林业、水利、交通、体育、文化康养、养老、工业等多产业融合发展。鼓励和支持贫困村成立旅游专业合作社和旅游行业协会。采取“支部+协会+农户、专业合作社+农户、公司+合作社+农户”形式将旅游资源、农业资源、林业资源等综合发展整村推进。

重点培育20家以上“旅游+”融合发展企业从事旅游商品研发制造、销售和经营，直接带动100名建档立卡贫困人口增收脱贫，间接带动1000名建档立卡贫困人口增收脱贫。

（二）多模式旅游扶贫

1. “旅游+”多产业融合发展扶贫

（1）龙溪镇小河村

小河村是个由汉族、苗族、土家族、仡佬族、侗族等多个民族组成的行政村，多民族杂居的格局为小河村发展民俗文化旅游奠定了先天的优势和基础。依托已经建成的马郎河苹果桃基地、平武马铃薯基地、小河淡水养殖基地发展乡村休闲旅游，扩大苹果桃、板栗、马铃薯、淡水鱼等地方特产的种植规模和产量，在此基础上提供休闲度假、乡村景观体验、休闲采摘等旅游产品。

（2）松烟镇大松村

大松村依托松烟产业园，开展高效农业投资建设，调整农业生产结构，促进农业效益提高。发展乡村旅游，使大松村的农业由传统的单一功能向集生产、生态旅游、文化教育等综合功能方向发展。通过乡村旅游的发展，利用大松村丰富的农业资源为大松村剩余劳动力提供新的就业机会，吸纳农村剩余劳动力。

（3）构皮滩镇高坡村

高坡村发展中药材产业，扩大中药材种植面积，增加中药材种类；与药企合作，发展订单农业。高坡村利用附近构皮滩电站的便利优势，进行“旅游+水利、旅游+工业、旅游+文化、旅游+交通”等多产业多部门融合发展，农民参与各产业领域发展，分享旅游发展红利。

2. 旅游商品扶贫：花山苗族乡花山村

花山村充分利用少数民族文化，发展民族风情项目，举办民俗节庆活动，让贫困村民参与旅游项目建设，拓宽增收渠道。组织农民在农业之外从事各种手工艺品的生产、销售，包括农民画、刺绣、蜡染、草竹编织、木雕、竹雕、石雕、制陶等，旅游者走进农户，观赏参与研习手工艺制作技艺，购买旅游纪念品。

3. 近郊乡村休闲旅游扶贫：白泥镇哨溪村

哨溪村位于余庆县城周边，利用地理位置优势，依托城市周末、小长假等市场发展近郊旅游产业。改善村庄进入条件、接待设施和基础设施，组织农民发展果蔬种植和采摘，建设精品旅居农家项目。同时，旅游理念与乡村建设的全面融合，提升哨溪村的城镇化质量，为村庄更快脱贫创造条件。

4. 景区带动扶贫

（1）白泥镇新寨村

新寨村布局中药材、茶以及蔬果产业，建设有机农场、中药种植园，引导新寨村民进行蔬菜种植、果蔬采摘、农副产品种植加工。结合贵州省首个高山原生村寨田园综合体“云上心寨”项目，组织农民从事餐饮住宿、零售服务，经过专业培训，进行经营、管理、销售，带动村民脱贫、增收、致富。

（2）大乌江镇红渡村

红渡村受红渡景区和PPP项目强渡乌江主题文化园的辐射影响力度较大，景区通过设置创业专区引导红渡村民发展特色农家、特色农产品、红色文创旅游商品销售等，实现贫困人口的直接或间接就业。红渡村为景区做好餐饮和住宿的配套，依托景区优势，完善以“红色渡口＋梯田＋乡土文化”为主题的红渡旅居农家打造。

（3）大乌江镇箐口村

箐口村紧邻飞龙湖景区浪水湾板块，充分发挥飞龙湖风景名胜区的辐射带动作用，建立景区与箐口村贫困户、贫困人口的利益联结机制，鼓励和支持群众依托景区发展种植养殖、餐饮住宿、特色旅游商品。鼓励整村发展休闲农业与乡村旅游，为浪水湾养生养老、运动娱乐提供度假配套设施。

（4）关兴镇高炉村

高炉村位于老林河景区，村庄整体贫困程度不是特别高，原有农业生产基础条件较好。高炉村在原有的烤烟、茶叶产业的基础上，发展互补型产业，增加菌种植大棚、温室标准化大棚数量，提升村民收入。高炉村乡村旅游扶贫分为两个方面：一是依托老林河良好的生态环境资源优势，因地制宜发展户外探险等项目，稳步推进旅游业发展；二是加快村集体资产量化确权，为村集体经济发展打下基础。

（5）敖溪镇柏林村

柏林村位于飞龙湖浪水湾板块内，通过发展乡村旅游，为浪水湾提供住宿和餐饮配套设施，直接增加景区门票和产品销售收入。柏林村规划建设农业观光园、农事体验活动等项目，在不改变土地用途的前提下，发展柏林村的乡村旅游产品，增加农民的收入，发展了经济，一举三得。

（6）龙家镇平桃村

平桃村位于飞龙湖景区平桃—赵溪河板块，村庄发挥平桃原始森林的自然生态优势，充分利用森林里珍稀树木、植物、动物资源，进行旅游资源开发，带动农民就业增收、脱贫致富。利用原始森林适宜中药材生长的良好环境，种植珍稀名贵中草药，发展森林康养；使用天然有机的食材研发养生药膳，丰富景区旅游业态。

（7）花山苗族乡回龙村

回龙村位于飞龙湖景区平桃—赵溪河板块，赵溪河板块以休闲度假功能为主导，回龙村的乡村旅游发展以休闲度假配套功能为主。赵溪河板块的度假村、饭店、酒店、药庄、游乐设施等公共场所，需要的大量花卉，由回龙村的农民种植和供应；旅游者餐饮所需的蔬菜、瓜果、家禽、畜肉、水产、牛奶、茶叶等，都由回龙村农民分工生产。

（8）关兴镇狮山村

余庆县依托老林河国家生态旅游区和狮山茶海景区对狮山村进行旅游扶贫开发，帮助景区贫困群众联系惠农贷款，支持贫困农民在景区内购置游乐设施经营土特产店铺、打造农家乐等，促进农民从一产向三产转移，既降低景区企业用工成本，又拓宽农民增收渠道。在狮山村发展以“白茶品茗＋滨水度假＋

农家体验”为主题的白茶度假园旅居农家。同时，通过乡村旅游，增加景区门票和旅游产品销售收入。

（9）松烟镇二龙村

余庆县利用松烟国家生态体育公园带动二龙村的发展，免费对二龙村贫困农民开展技能培训，优先招聘二龙村农民到景区务工。景区企业为二龙村贫困村民提供就业岗位，帮助拓展收入来源。通过设置创业专区引导二龙村农民发展特色农家、特色农产品、特色旅游商品销售等，实现贫困人口的直接或间接就业。

（10）龙家镇先锋村

余庆县依托先峰河亲水欢乐体验基地项目的建设，带动先锋村农民发展乡村旅游脱贫，扩大贫困人口直接从业和间接从业人数，拓宽贫困人口增收渠道。采取“公司＋支部＋农户”模式打造“旅居农家”示范性项目，即公司向农户租赁闲置房屋，对房屋按“旅居农家”精品户标准进行改造，同时按公司占80%、支部与农户共同占20%的比例进行利润分红。

5. 通道景观旅游扶贫：敖溪镇官仓村

官仓村毗邻204省道，与龙家镇相邻，利用地理区位优势主打休闲旅游牌。与“余庆坊旅居农家”合作，鼓励当地群众以开设乡村旅馆、租赁闲置房产、开办特色餐饮、出售土特产品、展示民俗风情等形式对游客提供旅居服务。

（三）服务要素提升工程

1. 乡村旅游服务要素：住宿

进行全县乡村旅游住宿服务的多样化、主题化、精品化提升，大力开展旅居农家建设。余庆县作为“四在农家”中国新农村建设发源地，坚持把“旅居农家”融入“四在农家·美丽乡村”创建工作中，大力开展旅居农家建设。根据余庆县旅游景区主要发展观光休闲和度假休闲的实际情况以及目前旅游市场大众化、高端化、多元化发展的特点，针对散客、自驾、团体旅游等不同客群，对全县乡村旅游住宿服务进行多样化、主题化、精品化提升，满足现代旅游发展的需求。“旅居农家”作为余庆县发展乡村旅游的重要载体，在建设过程中特别注意避免过度城市化而失去乡村风格。在乡村旅游精准扶贫中，全面辅导农家住宿旅居设施提升、打造农家优质住宿体验、提升农家接待能力。

乡村住宿规划坚持“生态优先”理念，空间布局、项目设计、要素配置均以保护生态环境为前提，做到人文活动对自然的最小干预。

结合余庆县旅游资源禀赋实际，坚持市场导向为前提，深度关注旅游业发展新趋势，紧跟国内外乡村休闲度假旅游发展的新风尚，准确把握乡村旅游市场，发展农家餐饮与礼品，并增加农家乡村体验活动策划，提高农家的整体经营效益。

旅居农家布局合理搭配高、中、低档住宿设施，以适应不同消费层次游客的消费水平。标准化配备旅居农家的服务设施，提高服务水平与服务质量，为游客提供高质量的服务。

在旅游住宿空间尺度、造型塑造及环境设计等方面坚持人本化理念，提供安全、卫生、方便宜人的住宿环境。

建设重点：在现有乡村民宿、旅居农家、农家乐接待户、观光园等接待体系的基础上，融入茶园、果园、精品园等项目，结合余庆旅游景点与旅游路线建设，丰富乡村旅游住宿接待形式。以余庆全域旅游核心资源特征为创意源头，以环境、住宅、农田的有机结合为空间理念，以“农耕体验、乡土怀旧”为特征，大力推进以休闲度假、乡村旅游为主要功能的旅居农家工程。

具体路径为：白泥镇：“红金橘种植＋山水峡谷”；余庆坊·河滨：“水上游乐＋滨水度假”；云上山寨：“山地运动＋生态康养”；龙溪镇—市外桃园：“品桃赏花＋特色养生”；大乌江—余庆坊红渡：“红色文化＋梯田景观＋乡土文化”；花山苗族乡—白茶度假园：“白茶品茗＋滨水度假＋农家体验”；花阡谷：“花海观光＋山地度假”；松烟镇—博士书香：“博士文化＋耕读文化”；余庆坊·玉河：“山地运动＋茶文化”。全面打造“住在农家”的旅游格局。

2. 乡村旅游服务要素：餐饮

（1）以茶叶为主题，将茶叶入菜，创造新风味

使用含丰富的维生素、氨基酸及多种人体必需微量元素的余庆茶入菜。结合当地作物，发展养生茶叶风味特色菜，同时做好乡村旅游餐饮服务培训工作，针对菜肴制作、餐厅服务、食品营养及食品卫生等方面进行辅导，全面提

升餐饮服务水平。保障食品安全及卫生，创造新的旅游印象。

（2）营造当地风情农家茶餐厅、茶庄

配合余庆县农户的茶文化元素，提供农家特色用餐空间及品茶空间，营造多样的空间感受，增加室内空间的温馨感受、舒适度、明亮感。通过墙面、家具与饰品色彩及材质搭配、灯光营造等方法呈现茶文化特色，并以当地农户手工制作商品装点用餐及品茶环境，呈现出生活、产业、创意。

（3）使用当地新鲜食材、蔬果制作创意家常菜、地方菜

余庆县旅游餐饮具有鲜明的特色，如剔骨鸭、敖溪豆花、乌江鱼、徐家羊肉粉等已形成地方特色小吃。余庆县产业丰富，依托“余庆坊—玉河”茶旅生态园、沁春花田等为引领的18个农业示范园区，按照绿色粮食、绿色蔬菜、绿色水果、绿色畜牧产品、绿色调味品、绿色加工食品，培育六类绿色农产品基地。依托白泥镇、龙溪镇、花山苗族乡等，推进苹果、桃、红金橘、小叶苦丁茶、白茶、大凉山水稻等六大特色农产品生产基地建设，开创具有地方产业特色的餐饮风格，使用当地新鲜食材、蔬果，以家常菜、地方菜、创意料理作为乡村旅游餐饮发展方向。在余庆乡村旅游扶贫中，全面辅导农家提高餐饮服务能力，推动游客优质餐饮服务体验，提升农家菜系、餐饮环境服务质量。

3. 乡村旅游服务要素：娱乐

融合茶叶文化与乡村风情打造余庆县的娱乐服务场所，包含茶吧、酒吧、养生茶道坊、茶艺馆等不同类型的乡村娱乐休闲场所，综合养生、艺术、创意、休闲等不同主题，针对不同客群，提供不同娱乐项目，同时利用当地茶产业发展优势、休闲空间优势及当地特色文化优势，举办系列主题节庆活动，通过活动扩大余庆县的旅游影响力。

结合狮山茶园、茶产业文化，以乡村旅游特色建设休闲茶叶文化街、狮山茶叶博物馆、茶馆酒吧、养生茶艺会馆等场所。

4. 乡村旅游服务要素：旅游商品

农家礼品是乡村旅游极重要的一项元素，对游客而言，农业产品深具地方特色。在乡村旅游过程中，采买当地农产品作为伴手礼，馈赠亲朋好友。余庆县着力提高消费者乡村旅游时购买当地农产品的意愿，开创农村商机。农民在当地农特产品盛产时，利用加工包装技术，改变产品形态，突破贩卖时间、空

间限制，充分提升产品附加价值，从而有效增加农民收益，改善生活质量。

作为农民脱贫致富的重要渠道和抓手，余庆县狮山村茶乡旅游是其中最具特色的部分。茶产业横跨第一、二、三产业，旅游产业综合带动力强，茶乡旅游作为新型产业模式，以茶兴旅、以旅促茶、品牌叠加、协同发展，既是茶资源、茶产品综合利用的新方式，也是备受欢迎的旅游新模式。在产品开发时，以目标消费群为导向，进行多元发展，协助伴手生产单位改善产品内容物与外包装的精致性。改进包装设计与视觉口味，提升产品精致性与附加值，加强产品特色。赋予当地故事，深化消费者对产品的印象，提升产品竞争力及市场接受度。辅导提升伴手产品生产制程的食品卫生安全管理，确保伴手产品质量与消费者权益，促进产品生产销售效益。余庆县狮山村茶旅文化一体化、茶旅品牌一体化、茶旅产品一体化，利用农家礼品研发，全面提升农村产品效益，增加游客旅游乐趣，实现旅游精准扶贫。狮山村旅游礼品以茶为主题，分为狮山茶叶产品、狮山茶叶加工品、狮山茶文化创意商品以及狮山茶文化商品空间打造。通过推进乡村旅游后备箱工程，游客在结束游玩之后能买到值得带走的特色旅游商品，比如小叶苦丁茶礼盒。后备箱工程解决了城里人难以直购到农村新鲜年货的现实需求，也扭转了农民苦于优质农产品不知卖给谁的局面，从而实现旅游富民和乡村振兴。通过建立“余庆有礼”旅游商品品牌，有效提升了余庆茶的品牌知名度，借助优质旅游商品扩大了余庆县旅游知名度，带动了乡村脱贫。

（四）旅游商品开发工程

乡村旅游商品是旅游者在旅游活动过程中购买的，以物质形态存在的实物，也可称作“旅游购物品”。旅游商品是旅游业的重要组成部分，发展乡村旅游商品不仅体现为对乡村脱贫的地方经济推动作用，更重要的是能够更大限度地吸引旅游者购物，成为乡村旅游业发展程度的标志。旅游商品包括各种工艺品、土特产品、旅游纪念品等，它具有实用性、纪念性、艺术性和礼品性等特点，起着旅游活动的扩展和延伸作用。余庆县发挥旅游资源优势，突出地方特色，开发乡村旅游文化纪念品和工艺品，发展风味食品、绿色旅游商品、创意商品，突出“绿色、文化、生态、文创”，使其与余庆县乡村旅游整体形象相吻合，在文旅局的正确引导和规范管理下，结合手工艺品、土特产品，开发推出系列富有特色的拳头旅游商品，提高乡村旅游产值和市场吸引力。

1. 乡村旅游商品开发系列

指导贫困村进行商品开发，主打当地绿色、有机生态乡村旅游商品。由专家与政府协同农户推动旅游商品开发，包含商品的开发、加工营销、协调管理业务，主要对农产品中药材、苦丁茶等旅游商品进行研发。

2. 利用现有乡村资源进行整合与创新

利用现有优势资源，开发独具特色的旅游商品，推陈出新，塑造余庆特色旅游商品品牌，注册商标。整合余庆县的乡村旅游区位优势和资源特征，根据市场要求，对客源市场和消费层次进行动态分析，实行多层次旅游商品开发。

3. 旅游商品开发与旅游项目开发相配合

将地方性、艺术性、纪念性、实用性有机地结合起来。余庆的乡村有着多元旅游资源与文化特色，如红色文化、茶叶、精品农园、土司文化等，在乡村商品开发中与乡村旅游项目结合，创造独特性与当地性商品。

（五）基础设施建设工程

重点打造景区“最后一公里”，打造“三横一纵”的旅游交通格局。

1. 外部交通

配合遵义至余庆、余庆至施秉、湄潭至石阡、余庆至务川四条高速公路的建设；配合贵州至重庆乌江航运的复航建设，进行航道整治、码头修建等相关工作，实现通过乌江连通重庆，北入长江，连接长三角，直达上海。

2. 内部交通

以省道为主骨架，以县道为支撑、乡道为发散的公路网络，配合乌江水上航运，结合旅游集散中心，打造“三横一纵”的旅游交通格局，形成以陆路为主，水路为辅的立体交通。

3. 公共服务网优化：乡村集散

建立“2（旅游集散中心）+7（游客服务中心）+N（旅游咨询服务点）”的三级旅游服务体系。分层级建设余庆县乡村旅游集散体系，实现游客集散、旅游信息咨询、纪念品展销三大基本功能，构建余庆乡村旅游集散中心体系。

4. 公共服务网优化：环卫设施

以创建文明乡村旅游县，提升余庆县乡村旅游形象为目标，按照规范标准建设乡村旅游环卫设施、厕所整改、垃圾分类处理，完成乡村旅游环卫设施的新建、改造和更新，完善旅游基础服务设施。

5. 公共服务网优化：旅游标识

以《旅游景区质量等级的划分与评定标准》中5A级景区标准提升建设余庆县旅游标识系统，标识系统设置多语种文字介绍对照，加入当地特有的文化元素符号。完善区域交通标识解说系统，完善乡村旅游景区解说系统，完善特殊人群的解说系统以及电子自助导游解说系统。设立静态标识系统，建设多种方式解说系统。以余庆红色文化、茶文化、民俗文化、龙文化等元素为基础，创意设计县域旅游标识。统一规划、统一设计、统一实施，突出特色化、主题化、创意化。深挖余庆文化内涵，注重图文清晰表达，让设计符号成为体现景区文化的载体。

6. 公共服务网优化：自驾车体系

构建自驾车服务体系，发挥自驾车、旅居车的旅游带动作用。由于地形地貌等因素限制，余庆县各乡村旅游资源点分布较散，自驾便成为余庆旅游最适合的交通方式。为此，构建完备的自驾车服务体系，满足自驾车、旅居车旅游快速发展的需要，发挥自驾车、旅居车的旅游带动作用，使之成为推动余庆县乡村旅游发展和旅游扶贫的重要载体。

7. 公共服务网优化：停车场体系

分级构建余庆旅游停车场体系，解决余庆旅游旺季停车难的问题。秉承生态保护的原则，合理规划余庆县旅游停车场。按照《停车场规划设计规则（试行）》标准建设，保障居民游客便捷出行，增强旅游停车设施的自然性、协调性、特色性、合理性和规范性，快速有序地推进建设具有余庆特色和风采，符合高效、安全、绿色、生态、智能、景美等要求的旅游停车设施体系和服务环境。

第三节 遵义市余庆县乡村旅游精准脱贫户的获得感

自2001年以来，余庆县率先开展以“富在农家、学在农家、乐在农家、美在农家”为主要内容的“四在农家”创建活动。之后，余庆县一张蓝图绘到底、一届接着一届干。通过20来年的实践，余庆通过“四在农家”，拓宽了农民“富”的途径、凸显了农民“学”的效果、丰富了农民“乐”的内容、提升了乡村“美”的内涵，全县乡村处处展现着新魅力、新姿态。农业强、农村美、农民富正逐步成为余庆乡村的一抹亮色，文旅扶贫成效明显。为了深入了解精准脱贫户个体在这一系列脱贫政策下的获得感，课题调研团队根据乡村旅游精准脱贫户的获得感测量指标体系，对余庆县乡村旅游精准脱贫户进行了问卷和访谈调查。

课题组在遵义市余庆县总共发放问卷50份，回收46份，问卷数据如下。

一、余庆县乡村旅游精准脱贫户的获得感测量

（一）经济获得

1. 致贫原因

表5–1 余庆县乡村旅游精准脱贫户致贫原因统计表

指标	致贫原因			
	因病	因伤	因残	其他
数量（户）	22	4	5	15
占比（%）	47.83	8.70	1.87	32.60

在被调研的贫困户中，贫困原因以因病致贫为主，占被调研户数的47.83%。

2. 经济收入

表 5-2　余庆县乡村旅游精准脱贫户经济收入统计表

指标		经济收入（元）				
选项		0—2855			2855—3050	3050 元以上
旅游开发前	数量（户）	20			26	0
	占比（%）	43.48			56.52	0.00
选项		3000 元以下	3000—5000	5000—8000	8000—10000	10000 元以上
旅游开发后	数量（户）	0	30	15	1	0
	占比（%）	0.00	65.22	32.61	2.17	0.00

数据结果显示，遵义市余庆县乡村旅游精准脱贫户在旅游开发后经济收入提高幅度大多集中在 3000—5000 元区间，占被调研户数的 65.22%。

3. 家庭收入来源

表 5-3　余庆县乡村旅游精准脱贫户家庭收入来源统计表

指标		家庭收入主要来源				
选项		务农	务工	救助金	社保金	
旅游开发前	数量（户）	33	6	4	3	
	占比（%）	71.74	13.04	8.70	6.52	
选项		务农	务工	救助金	社保金	旅游经营
旅游开发后	数量（户）	22	6	3	2	25
	占比（%）	47.83	13.04	6.52	4.35	54.35

数据结果显示，遵义市余庆县乡村旅游精准脱贫户在旅游开发后通过参与旅游经营获得的收入对家庭贡献较大，有 54.35% 的脱贫户从旅游中获益较大。

4. 旅游收入来源

表 5-4　余庆县乡村旅游精准脱贫户旅游收入来源统计表

指标	旅游收入来源			
	餐饮	住宿	产品买卖	集体分红
数量（户）	23	10	21	3
占比（%）	50.00	21.74	45.65	6.52

数据结果显示，遵义市余庆县乡村旅游精准脱贫户的旅游收入主要来自于餐饮和产品买卖，集体分红获得较少。

（二）社会获得

1. 文化程度

表 5-5　余庆县乡村旅游精准脱贫户文化程度统计表

指标	家庭人口最高文化水平			
	小学及其以下	初中	高中	大专及其以上
数量（户）	8	10	17	11
占比（%）	17.39	21.74	36.96	23.91

数据结果显示，遵义市余庆县乡村旅游精准脱贫户的家庭人口最高文化水平仍然集中在高中文化水平。

2. 社区参与

表 5-6　余庆县乡村旅游精准脱贫户社区参与统计表

指标		社区参与				
选项		传统节日	社区选举	探亲访友	社团组织	文艺展演
旅游开发前	数量（户）	34	32	40	20	13
	占比（%）	73.91	69.56	86.96	43.48	28.26
旅游开发后	数量（户）	36	35	42	22	17
	占比（%）	78.26	76.09	91.30	47.83	36.96

数据结果显示，遵义市余庆县乡村旅游精准脱贫户中，旅游业对社区参与的带动作用不明显。

（三）经济建设带来的获得感：物质与成本

1. 乡村旅游产业发展

表 5–7 余庆县乡村旅游精准脱贫户对乡村旅游产业发展满意度统计表

指标	乡村旅游产业发展	
	满意	不满意
数量（户）	23	23
占比（%）	50.00	50.00

数据显示，余庆县乡村旅游精准脱贫户对乡村旅游产业发展基本满意。

2. 就业岗位

表 5–8 余庆县乡村旅游精准脱贫户对就业岗位满意度统计表

指标	就业岗位	
	满意	不满意
数量（户）	13	33
占比（%）	28.26	71.74

数据显示，大部分余庆县乡村旅游精准脱贫户对乡村旅游产业发展带来的就业岗位数量不满意。

3. 收入水平

表 5-9　余庆县乡村旅游精准脱贫户对收入水平满意度统计表

指标	收入水平	
	满意	不满意
数量（户）	19	27
占比（%）	41.30	58.70

数据显示，余庆县乡村旅游精准脱贫户中一半以上对乡村旅游产业发展带来的收入水平提升不满意。

4. 物价水平

表 5-10　余庆县乡村旅游精准脱贫户对物价水平满意度统计表

指标	物价水平	
	满意	不满意
数量（户）	22	24
占比（%）	47.83	52.17

数据显示，余庆县乡村旅游精准脱贫户中一半以上对乡村旅游产业发展带来的物价水平提升不满意。

5. 贫富差距

表 5-11　余庆县乡村旅游精准脱贫户对贫富差距满意度统计表

指标	贫富差距	
	满意	不满意
数量（户）	16	30
占比（%）	34.78	65.22

数据显示，余庆县乡村旅游精准脱贫户中一半以上对乡村旅游产业发展带来的贫富差距不满意。

（四）社会建设带来的获得感：公平与自由

1. 民主建设

表 5-12 余庆县乡村旅游精准脱贫户对民主建设满意度统计表

指标	民主建设	
	满意	不满意
数量（户）	38	8
占比（%）	82.61	17.39

数据显示，余庆县乡村旅游精准脱贫户中大部分对乡村旅游产业发展带来的民主建设表示满意。

2. 法治建设

表 5-13 余庆县乡村旅游精准脱贫户对法治建设满意度统计表

指标	法治建设	
	满意	不满意
数量（户）	40	6
占比（%）	86.96	13.04

数据显示，余庆县乡村旅游精准脱贫户中大部分对乡村旅游产业发展带来的法治建设表示满意。

3. 反腐倡廉

表 5-14 余庆县乡村旅游精准脱贫户对反腐倡廉满意度统计表

指标	反腐倡廉	
	满意	不满意
数量（户）	39	7
占比（%）	84.78	15.22

数据显示，余庆县乡村旅游精准脱贫户中大部分对乡村旅游产业发展带来的反腐倡廉表示满意。

（五）文化建设带来的获得感：知识与能力

1. 文化生活

表 5-15　余庆县乡村旅游精准脱贫户对文化生活满意度统计表

指标	文化生活	
	满意	不满意
数量（户）	32	14
占比（%）	69.57	30.43

数据显示，余庆县乡村旅游精准脱贫户中大部分对乡村旅游产业发展带来的文化生活表示满意。

2. 教育水平

表 5-16　余庆县乡村旅游精准脱贫户对教育水平满意度统计表

指标	教育水平	
	满意	不满意
数量（户）	34	12
占比（%）	73.91	26.09

数据显示，余庆县乡村旅游精准脱贫户中大部分对乡村旅游产业发展带来的教育水平提升表示满意。

（六）社会建设带来的获得感：保障与尊严

1. 住房保障

表 5-17　余庆县乡村旅游精准脱贫户对住房保障满意度统计表

指标	住房保障	
	满意	不满意
数量（户）	41	7
占比（%）	89.13	15.22

数据显示，余庆县乡村旅游精准脱贫户中大部分对乡村旅游产业发展带来的住房条件改善表示满意。

2. 社会保障

表 5-18 余庆县乡村旅游精准脱贫户对社会保障满意度统计表

指标	社会保障	
	满意	不满意
数量（户）	31	15
占比（%）	67.39	32.61

数据显示，余庆县乡村旅游精准脱贫户中大部分对乡村旅游产业发展带来的社会保障水平提升表示满意。

3. 基础设施

表 5-19 余庆县乡村旅游精准脱贫户对基础设施满意度统计表

指标	基础设施	
	满意	不满意
数量（户）	27	19
占比（%）	58.70	41.30

数据显示，余庆县乡村旅游精准脱贫户中大部分对乡村旅游产业发展带来的基础设施水平提升表示满意。

（七）生态文明建设带来的获得感：秩序与安全

1. 居住环境

表 5-20 余庆县乡村旅游精准脱贫户对居住环境满意度统计表

指标	居住环境	
	满意	不满意
数量（户）	33	13
占比（%）	71.74	28.26

数据显示，余庆县乡村旅游精准脱贫户中大部分对乡村旅游产业发展带来的人居环境改善表示满意。

2. 环保工作

表 5-21　余庆县乡村旅游精准脱贫户对环保工作满意度统计表

指标	环保工作	
	满意	不满意
数量（户）	30	16
占比（%）	65.22	34.78

数据显示，余庆县乡村旅游精准脱贫户中大部分对乡村旅游产业发展带来的居民环境保护意识提升表示满意。

数据结果显示：

① 由于社会情境和个体因素，会导致对获得感的理解存在一定偏差，也会对帮扶工作造成一定的影响，但当地精准脱贫户获得感总体处于较高的水平。

② 在调查内容中扶贫政策的落实和家庭收入的来源，是影响其获得感的最主要因素；但社会、安全、公平、能力、尊重因素也有不小的影响。

③ 当地的社会保障项目（社保和医保）、通村道路、供水供电等基础性设施都有了明显的改善，生活质量也有了很大提高，但仍有一部分表示不满意，主要体现在患有重病、家庭负担较重的精准脱贫户。

④ 随着扶贫政策的落实和扶贫项目的推进，大部分精准脱贫户都表示家庭总收入有提高，但仍有小部分精准脱贫户表示经济收入没有提升，说明帮扶的力度与精准度还有待提高。

⑤ 在实施精准帮扶过程中，在改善精准脱贫户生活状态和质量有明显的成效，在住房条件、农村教育、医疗条件等方面都有了显著改善，精准脱贫户在这过程中有了较高获得感。

二、遵义市余庆县乡村旅游扶贫存在的问题

余庆县乡村旅游扶贫工作虽然取得了很好的成效，但是仍有一部分精准脱

贫户获得感得不到体现。归纳起来，主要存在以下两个方面的问题。

一是政府对旅游扶贫精准性有待加强。旅游精准扶贫本质是乡村旅游与精准扶贫的融合，但政府有关部门开展乡村旅游扶贫项目时，前期调研工作不够充分和科学，对乡村旅游扶贫项目可行性、落地性的研究与思考不够。没有考虑到更多与精准脱贫户直接相关的经济利益，以改善或提高对生活质量的感知能力，政府对扶贫制度设计的不完善，扶贫的资金并没有精准落实到贫困的户和人。

二是精准脱贫户内生动力发挥不充分。精准脱贫户是脱贫的主体，是扶贫主要获益主体，但扶贫主体仍然太过依赖政府政策的支撑和期待扶贫资金的落实。虽然随着政府在“旅居农家”建设项目的推进，乡村旅游发展效果已经充分显现，但是精准脱贫户的参与度、积极性并不理想。政府没有充分激发贫困户以乡村旅游为契机发展自我的能力和内生式发展能力，也就很难达到全面可持续发展、巩固脱贫成果和乡村全面振兴的目标。

第四节 旅居农家建设模式下的乡村旅游精准扶贫对乡村振兴建设的启示：全面实施乡村旅游人才振兴工程

2021 年 3 月，中共中央、国务院发布了《关于实现巩固拓展脱贫攻坚成果同乡村振兴有效衔接的意见》，指出做好巩固拓展脱贫攻坚成果同乡村振兴有效衔接，关系到构建以国内大循环为主体、国内国际双循环相互促进的新发展格局，关系到全面建设社会主义现代化国家全局和实现第二个百年奋斗目标。乡村振兴的实施，要尊重农民意愿和维护农民权益，把选择权交给农民，由农民选择而不是代替农民选择，可以示范和引导，但不搞强迫命令、不刮风、不一刀切。要把乡村振兴的主体权还给农民，同时不断对农民赋能，培养农民的乡村振兴能力，让他们把对美好生活的向往化为推动乡村振兴的动力，用双手托举起更加美好的新生活。乡村振兴，人才振兴是关键。如果没有人才的支撑，乡村振兴只能是一句空话。在余庆县，乡村旅游产业已经有了一定的发展基础，结合余庆县“四在农家”乡村旅游发展工程，对比乡村旅游精准脱贫户在乡村旅游发展过程中的获得感测量和凸显的问题，旅居农家建设模式下的乡村旅游精准扶贫需要全面实施乡村旅游人才振兴工程。

一、组织培训

组织开展乡村振兴政策、法律法规的宣讲和解读，宣传报道先进典型，营造全社会参与扶贫与振兴乡村的良好氛围。根据部门职责，将旅游从业人员培训纳入年度培训计划，突出精准培训，把培训内容与产业发展、文化传承服务规范等有机结合起来。

建立县乡村三级旅游精准扶贫云信息员队伍，加强信息员队伍的管理和培训，全面采集贫困村寨的乡村旅游发展、贫困户基本信息和乡村旅游带动就业增收的数据，跟踪乡村旅游扶贫成果的巩固情况，提高源头数据质量，为全县乡村旅游脱贫成果的巩固提供准确信息。

二、服务培训

余庆贫困地区普遍文化素质相对较低，方言各异，应发挥地方的职业教育特色和作用，送教下乡。在教学语言上运用本地方言，便于村民们理解。将普通话教学和方言结合起来，使村民能够使用常用的普通话在旅游景区、旅居人家、特色农园等场所进行旅游接待服务，消除旅游接待中和游客的沟通障碍。每年对500名以上农村青壮年劳动力进行服务技能培训，引导受培训人员进入旅游行业就业，在教学时间和教学设计上迎合村民们的生活作息和习惯，选择在村民们闲暇之时进行教学，保证旅游培训的参与度和有效性。在教学过程中把握村民们的心理状态和接受能力，科学安排教学内容，既使村民们乐于接受，又维护专业培训的系统性。在教学中要将旅游经营实践和服务实践结合起来，帮助村民们能够学以致用，树立良好的经营管理意识和服务意识，提高村民们“造血”能力。

三、新型职业农民培训

提高贫困家庭农民工职业技能培训精准度。深入推进农民工职业技能提升计划，加强对已外出务工贫困人口的岗位培训。充分利用县高级职业中学，定时定人对贫困村建档立卡贫困人口免费培训。开展贫困家庭子女、未升学初高中毕业生（俗称“两后生”）、农民工免费职业培训等专项行动，提高培训的针对性和有效性。通过校企合作、政校合作等方式开展教育扶贫助学活动。积极组织旅游企业与省内外高校旅游专业开展合作，根据实际需求定向免费输送贫困家庭高考落榜考生进校培训学习，这些学生毕业或肄业后则直接回企业就业。实施农民工等人员返乡创业培训五年行动计划，残疾人职业技能提升计划。

四、农村实用人才带头人和大学生村官示范培训

鼓励各地设立一批乡村旅游教学基地和实训基地，强化旅游骨干培训，在全县培养一批旅游经营企业、农民导游、乡村旅游发展能人、乡村旅游经营户、能工巧匠传承人和乡土文化讲解员等实用人才，分类开展旅游经营管理和服务技能培训。依靠人才支持和智力投入促进乡村旅游发展，提高贫困人口旅游服务能力。实施“乡村旅游扶贫培训种子工程”，培养一批乡村旅游扶贫培训师，深入基层一线对贫困群众进行技能辅导。

加大智力投入，每年组织 100 名旅游扶贫村的乡村旅游带头人，到旅游发展水平高的旅游村落进行精准交流。培训 100 名乡村旅游企业（经营户）负责人、100 名乡村旅游妇女厨艺师、100 名手工艺技师、100 名电商创业经营者，为贫困村旅游长远发展夯实基础。

设立乡村旅游扶贫培训基地，组建“乡村旅游扶贫专家库”，动员规划、管理、营销专业人才到乡村旅游扶贫重点村开展公益指导培训。建立余庆旅游扶贫培训基地，实现对乡村旅游扶贫重点村致富带头人培训全覆盖，培养一批专业的旅游产业发展带头人。

每年组织 1000 名乡村旅游扶贫重点村村官开展乡村旅游培训。开展“乡村旅游 + 互联网”万村千店扶贫专项行动，加大对贫困地区旅游线路、旅游产

品、特色农产品等宣传推介力度，组织开展乡村旅游扶贫公益宣传。鼓励各地打造一批具有浓郁地方特色的乡村旅游节庆活动。

五、致富带头人培训

发挥致富带头人在乡村旅游扶贫工作中的带头作用，加强对具有示范带动作用的旅游经营企业负责人、乡村旅游创客、乡村旅游经营户、能工巧匠传承人、民族歌舞团队负责人、民族服装服饰团队负责人等围绕乡村旅游发展与经营、乡村旅游餐厅摆台实操、乡村旅游客房布置实操、乡村旅游服务礼仪、乡村旅游卫生及安全管理常识、乡村旅游市场营销、民宿建设与管理的培训，将其培养为乡村旅游致富带头人。

深化乡村旅游交流与合作、乡村旅游发展现状与开展经验等话题进行交流，开展“乡村旅游酒店负责人培训”“乡村旅游餐饮负责人培训”等活动，进一步促进余庆乡村旅游产业的提升。

六、农民手机应用技能培训

落实推进“互联网+”行动，切实提高农民利用现代信息技术，特别是运用手机上网发展生产、便利生活和增收致富能力，落实精准扶贫、精准脱贫战略，组织遵义市移动公司联合遵义市农业局等单位相关工作人员走进余庆县的农村，组织开展农民手机应用技能培训。组织遵义市移动公司为农民免费培训手机选购、手机应用，电信、网络诈骗安全防范等相关知识，重点培训美丽乡村 APP 等软件的下载安装和使用，教会农民利用手机在线销售农产品，同时购买物美价廉的农资和消费品。教会农民利用手机查询农业农村政策法规、市场行情、气象灾情等信息，教会农民手机应用技能，提高农民的手机应用能力。

第六章　民族村寨开发模式下的脱贫户获得感研究：岜沙苗寨、高华瑶寨和四联侗寨

岜沙苗寨、高华瑶寨和四联侗寨是贵州省黔东南苗族侗族自治州从江县内的重点民族旅游村寨。这三个民族旅游村寨所属的从江县是截至2019年底全国未摘帽的52个贫困县之一，也是黔东南苗族侗族自治州未摘帽的2个贫困县之一。近年来，为发挥民族村寨旅游在从江县脱贫攻坚的重要作用，该县按照贵州省及黔东南苗族侗族自治州关于脱贫攻坚工作的部署要求，积极推进旅游扶贫“九项工程”。通过旅游扶贫“九项工程”的实施，岜沙苗寨、高华瑶寨和四联侗寨的旅游扶贫工作取得了一定的成绩。

第一节　民族村寨开发模式下的乡村旅游扶贫情况

一、岜沙苗寨乡村旅游扶贫

（一）岜沙苗寨

岜沙村是从江县丙妹镇的一个纯苗族村寨，距从江县城7.5千米，由老寨、宰戈新寨、王家寨、大榕坡新寨和宰庄等五个自然寨组成，海拔高度480—660米之间，土地面积18.28平方千米。由于受历史和自然条件等因素的影响，岜沙村民与外界交往较少。封闭的环境、自给自足的自然经济、独有的语言和心理素质铸就了岜沙人独特的民族性格和民族文化。[1]

① 本章三个村寨的人口、地理等基础数据来自凯里学院吴学成、蒋琴、麻勇恒师生团队假期社会调查研究——《社区参与的出路：少数民族地区旅游扶贫困境的反思》，吴学成提供。

岜沙男子身穿左衽右开圆铜扣黑色高腰衣，黑色直筒大裤脚，头部四周剃光，顶部挽着称为“户棍”的发髻，出门身背腰刀，手牵猎狗，肩扛火枪。岜沙女子盘发于顶，插木梳，身着黑色对襟衣，百褶短裙，配以色彩鲜艳的刺绣。岜沙人信仰树神、太阳神，留传的历史文化资源十分神秘奇特。因此，岜沙也被誉为苗族传统文化的“活化石”和“博物馆”。

岜沙村寨内主要文化景观有：毛主席纪念亭、古芦笙堂、岜沙祖母石、苗族吊脚楼、禾晾和禾仓群等。

（二）岜沙苗寨乡村旅游扶贫道路

1. 坚持景区规划引领

为了将岜沙苗寨旅游资源优势转变成产业优势，从江县按照精品旅游景区的标准编制了《岜沙原生态苗族文化旅游区修建性详细规划》，把“原生态苗族文化”确定为岜沙景区的灵魂，将岜沙村址列为景区核心区进行保护，在村寨外围规划建设游客服务中心、旅游停车场、宾馆酒店等各种旅游接待服务设施，使岜沙苗寨的原真性、独特性得到充分保留和发挥。

2. 增强景区管理能力

岜沙旅游管理站成立于 2005 年 6 月，归口县旅游局管理，具体负责村寨内旅游经营实体和从业人员管理、旅游资源普查、受理游客咨询服务，协助开展景区规划建设、秩序维护、环境卫生等工作。2013 年 9 月，岜沙旅游管理站升格为副科级建制。2017 年，为加快推进岜沙景区创建 4A 工作，又专门组建了岜沙景区管理工作组，从相关管理部门抽调人员驻村开展工作。构建了旅游管理部门，所在乡镇、工作组各司其职、通力配合，共同推进景区旅游发展的工作格局。

3. 强化旅游就业带动

从江县相关部门积极支持岜沙景区旅游业态发展，通过开展乡村旅游从业培训、给予项目帮扶和贷款贴息支持、组织村组干部外出学习考察等多种方式，鼓励引导岜沙村民参与乡村旅游经营活动，带动村民就地就业。看到村寨游客逐年增多，许多岜沙村民也改变过去以种粮为主的生产模式，参加了表演队、开办了“农家乐”、卖起了工艺品，土生土长的岜沙村民放下锄头成为景区讲解员、表演队员、服务员、售货员。通过乡村旅游的发展，村民的空闲房屋、自产蔬菜瓜果、农村富余劳动力变为了旅游接待中的经营场所、热销商品和从业人员，村民收入得到了大幅提升。

4. 建立旅游分享机制

岜沙景区在多年实践中形成了一套“景区运营公司＋合作社＋村民”的收入利益分享机制，主动让景区群众参与门票销售收入收益分配，促进村民更加积极地参与景区的保护和建设。据统计，运营公司每年支付给岜沙村集体及村民的景区资源保护费、村集体积累提留、设施维护费用、人员薪酬等费用占到了景区门票销售收入的 80% 以上。2017 年，岜沙村每个家庭仅年终旅游分红就得到了 1000 元，乡村旅游成为带动岜沙苗寨实现同步小康的强劲引擎。

二、高华瑶寨乡村旅游扶贫

（一）高华瑶寨

高华瑶寨俗称“高华村”，高华村位于从江县翠里瑶族壮族乡东部，距乡人民政府驻地 13 千米，距从江县城 35 千米，是一个瑶族聚居村落。全村辖 2 个村民小组 94 户 425 人。全村土地面积 4.1 平方千米，森林覆盖率高达 86%。

高华瑶寨人居环境优美，民族文化丰富多彩，民风民俗纯朴浓厚。寨中每家每户门前屋后都栽种着竹林、茶林等各种树木，使用竹筒将山泉引进家中，都有杉树加工而成的浴桶。每当有客人进寨，乡亲们都会用油茶和药浴热情款待远方的客人。

高华村有着丰富多彩的瑶族传统文化，被誉为是国家级非物质文化遗产“瑶族药浴”之乡。除盛行瑶族药浴外，还保存有与药浴并称为“瑶族三大文化宝典”的传统造纸、瑶族长鼓舞等技艺和舞蹈。近年来，高华村不断完善村寨基础设施和旅游接待设施，大力发展以瑶族药浴体验为主的旅游接待服务。

（二）高华瑶寨乡村旅游扶贫道路

1. 科学规划做保障

为促进高华村旅游业健康、协调、可持续发展，从江县旅游部门于 2013

年编制《高华瑶浴休闲度假旅游区修建性详细规划》，明确了景区发展定位和规划布局。在建设过程中，高华村注重发挥旅游规划的引领和指导作用，规范村寨建筑风貌、完善公共服务设施、优化游览线路组织，确保了基础设施与旅游景观的有效融合、相得益彰。

2. 完善设施强支撑

近年来，从江县累计投入 2000 多万元完善高华村基础设施和旅游接待设施，建成了旅游接待中心、停车场、旅游公厕、青石板步道、路灯等设施，实施了危房改造、厕灶改造、洗浴间改造和药材种植等项目。高华村开办有乡村旅舍 12 家，旅游接待床位共 100 余铺，全村完成瑶浴洗浴间规范化改造 150 多间。

3. 抱团发展聚合力

为破解瑶浴经营户散户经营、单打独斗，接待容量小、发展能力弱的问题，高华村成立了瑶族药浴服务农民专业合作社，采取“村支两委 + 合作社 + 农户”模式，由村支两委负责实施村寨管理、项目建设、产业发展等公共事务，合作社负责处理旅游预订、游客分配、接待组织等经营业务，建立完善乡村旅游利益联结机制，实现了旅游经营集约化和利润分配均衡化。

4. 文旅融合增魅力

高华村瑶族文化底蕴深厚，除盛行瑶族药浴外，还保存有瑶族服饰、瑶族长鼓舞、盘王节、传统造纸等众多瑶族传统文化和技艺。高华村充分发挥传统文化优势，利用省、州、县各类文化旅游活动及“五一”、国庆等旅游节假日时机，推出瑶族药浴体验、长鼓舞展演、还愿度戒等一系列文化旅游项目，彰显了高华瑶寨文化魅力，促进了文化资源向旅游产品转化。

5. 宣传推广树品牌

高华村借助各种节会平台和宣传媒体大力开展宣传推广，努力扩大“瑶浴之乡”旅游品牌知名度和影响力。央视大型纪录片《传承 · 水篇》《走遍中国——泡在木桶里的村庄》等节目均对高华村瑶族药浴进行了采访报道。2016 年，在第二届“中国传统村落 · 黔东南峰会”优秀传统村落评选活动中，高华村从黔东南州 200 多个传统村落中脱颖而出，获评为“黔东南州十大优秀传统村落”。

近年来，高华村不断加强基础设施和服务体系建设，大力发展乡村旅游产业，实现了产业脱贫精准到户、扶贫措施精准到户、利益联结精准到户。全村农民收入稳步增长，农民生活状况持续改善，村容村貌变得更加美丽，脱贫攻坚工作取得显著成效。通过发展乡村旅游，2016 年高华村人均可支配收入达到 6718 元，实现了贫困村脱贫出列。

三、四联侗寨的乡村旅游扶贫

（一）四联侗寨

四联村位于洛香镇中西部，距镇政府驻地 4.5 千米，平均海拔 650 米，村委会驻登翁寨。距贵广高铁从江站以及夏蓉高速、黎洛高速从江东站仅十分钟车程，是一个纯侗族村寨，由央传、今达、登翁、高良 4 个自然寨组成而得名“四联”，全村土地面积 4.65 平方千米，共 8 个村民小组 197 户 867 人。

四联村整体空间布局形如带状，房屋沿河建设，村寨的外围是植被茂盛的山林，在这里形成一个长条形的河谷地带。民居依山势地形面水而建，全村居住的都是侗族典型的干栏式吊脚楼，木楼层次分明，错落有致，形成了一条条幽深曲折的巷道，并铺设有青石板路通向各家各户，高低错落的小青瓦坡屋面，与水系、农田及外围山林一起形成一幅安静祥和的山水村居图。

近年来，四联村紧紧围绕同步小康创建的目标和要求，结合村集体实际情况，借助洛贯经济开发区和大健康产业示范区建设的历史契机，狠抓基础设施建设和产业结构调整升级，全力打造“宜居、宜业、宜游”美丽乡村，初步形成了“一村一品”“一寨一特”“小而精”“小而美”“小而富”的建设新格局。

（二）四联侗寨乡村旅游扶贫道路

1. 基础设施提升改造

近年来，四联侗寨完成通村、通组水泥路建设 6500 米，村寨内步道硬化并铺装青石板 4000 余平方米；民族文化表演场 2000 平方米；建成停车场 2 个，面积 3000 平方米，可同时容纳车辆 100 辆；安装路灯 244 盏，公路沿线绿化带 2500 米；寨门 2 座，标准化公厕 2 座，风雨长廊 3 个，风雨桥 1 座，鼓楼 1 座，村级接待站 1 个，生态移民搬迁 12 户。先后建成荷花种植基地 150 亩，烧烤场面积 600 平方米，烧烤点 10 个，休闲钓鱼池一座，可容纳 20 人同时垂钓，发展农家乐 8 户，可同时接待游客 120 人，农家旅馆 4 家，可同时接待旅客 60 人，现有观光旅游接送车 6 辆。

2. 招商引资，助推旅游扶贫

为巩固脱贫攻坚成果，提高集体经济收入，创建良好人居环境，四联村脱贫攻坚指挥所和村支两委根据四联建设发展条件和区位优势，充分利用四联评为 3A 级景区为契机，成立了“四联村集体经济股份合作社”，积极开展招商引资工作。2019 年 10 月，与广东旅游开发责任有限公司（新注册：从江县四联村登翁旅游发展责任有限公司）正式签约，于 2020 年 5 月开始运营，为四联村民提供 200 个就业岗位，提高农户经济收入。

第二节　民族村寨开发模式下乡村旅游精准脱贫户的获得感

一、乡村旅游精准脱贫户的获得感测量

课题组在岜沙苗寨、高华瑶寨和四联侗寨入户到家，面向乡村旅游精准脱贫户总共发放问卷 50 份，回收 43 份有效问卷，问卷数据如下。

（一）经济获得

1. 致贫原因

表 6–1　民族村寨乡村旅游精准脱贫户致贫原因统计表

指标	致贫原因			
	因病	因伤	因残	其他
数量（户）	21	8	5	9
占比（%）	48.83	18.61	11.63	20.93

数据结果显示，岜沙苗寨、高华瑶寨和四联侗寨乡村旅游精准脱贫户在旅游开发前的致贫原因是“因病致贫”为主。

2. 经济收入

表 6–2　民族村寨乡村旅游精准脱贫户经济收入统计表

指标		经济收入（元）				
选项		0—2855			2855—3050	3050 元以上
旅游开发前	数量（户）	29			14	0
	占比（%）	67.44			32.56	0.00
选项		3000 元以下	3000—5000	5000—8000	8000—10000	10000 元以上
旅游开发后	数量（户）	0	26	15	2	0
	占比（%）	0.00	60.47	34.88	4.65	0.00

数据结果显示，岜沙苗寨、高华瑶寨和四联侗寨乡村旅游精准脱贫户通过从事旅游经营实现脱贫，但是提高幅度不算太大。

3. 家庭收入来源

表 6–3　民族村寨乡村旅游精准脱贫户家庭收入主要来源统计表

指标		家庭收入主要来源				
选项		务农	务工	救助金	社保金	
旅游开发前	数量（户）	31	8	2	2	
	占比（%）	72.09	18.61	4.65	4.65	
选项		务农	务工	救助金	社保金	旅游经营
旅游开发后	数量（户）	20	10	2	2	28
	占比（%）	46.51	23.25	4.65	4.65	65.12

数据结果显示，岜沙苗寨、高华瑶寨和四联侗寨乡村旅游精准脱贫户通过旅游经营实践获益范围较广，旅游经营在旅游开发后成为家庭总收入主要来源的比例占到了 65.12%。

4. 旅游收入来源

表 6-4　民族村寨乡村旅游精准脱贫户旅游收入来源统计表

指标	旅游收入来源			
	餐饮	住宿	产品买卖	集体分红
数量（户）	22	8	29	13
占比（%）	51.16	18.61	67.44	30.23

数据结果显示，岜沙苗寨、高华瑶寨和四联侗寨乡村旅游精准脱贫户旅游收入来源主要是产品买卖和餐饮，相比安顺和余庆，这三个村寨乡村旅游集体分红占较大比重。

（二）社会获得

1. 文化程度

表 6-5　民族村寨乡村旅游精准脱贫户家庭人口最高文化水平统计表

指标	家庭人口最高文化水平			
	小学及其以下	初中	高中	大专及其以上
数量（户）	10	25	5	3
占比（%）	23.26	58.14	11.63	6.98

数据结果显示，岜沙苗寨、高华瑶寨和四联侗寨乡村旅游精准脱贫户的家庭人口最高文化水平中初中占主要比重，其次是小学。

2. 社区参与

表 6-6　民族村寨乡村旅游精准脱贫户社区参与统计表

指标		社区参与				
选项		传统节日	社区选举	探亲访友	社团组织	文艺展演
旅游开发前	数量（户）	23	21	22	12	6
	占比（%）	53.49	48.84	51.16	27.91	13.95
旅游开发后	数量（户）	26	30	29	14	8
	占比（%）	60.47	69.77	67.44	32.56	18.61

数据结果显示，岜沙苗寨、高华瑶寨和四联侗寨乡村旅游精准脱贫户通过乡村旅游开发，其社区参与程度有一定提升，但是不明显。

（三）经济建设带来的获得感：物质与成本

1. 乡村旅游产业发展

表 6–7　民族村寨乡村旅游精准脱贫户对乡村旅游产业发展满意度统计表

指标	乡村旅游产业发展	
	满意	不满意
数量（户）	33	10
占比（%）	76.74	23.26

数据显示，民族村寨乡村旅游精准脱贫户中大部分对乡村旅游产业发展表示满意。

2. 就业岗位

表 6–8　民族村寨乡村旅游精准脱贫户对就业岗位满意度统计表

指标	就业岗位	
	满意	不满意
数量（户）	21	22
占比（%）	48.84	51.16

数据显示，民族村寨乡村旅游精准脱贫户中大部分对乡村旅游产业发展带来的就业岗位数量不满意。

3. 收入水平

表 6–9　民族村寨乡村旅游精准脱贫户对收入水平满意度统计表

指标	收入水平	
	满意	不满意
数量（户）	18	25

续表

指标	收入水平	
	满意	不满意
占比（%）	41.86	58.14

数据显示，民族村寨乡村旅游精准脱贫户中一半以上对乡村旅游产业发展带来的收入水平提升不满意。

4. 物价水平

表 6–10　民族村寨乡村旅游精准脱贫户对物价水平满意度统计表

指标	物价水平	
	满意	不满意
数量（户）	20	23
占比（%）	46.52	58.48

数据显示，民族村寨乡村旅游精准脱贫户中一半以上对乡村旅游产业发展带来的物价水平提升不满意。

5. 贫富差距

表 6–11　民族村寨乡村旅游精准脱贫户对贫富差距满意度统计表

指标	贫富差距	
	满意	不满意
数量（户）	17	26
占比（%）	39.53	60.47

数据显示，民族村寨乡村旅游精准脱贫户中一半以上对乡村旅游产业发展带来的贫富差距不满意。

（四）社会建设带来的获得感：公平与自由

1. 民主建设

表 6-12　民族村寨乡村旅游精准脱贫户对民主建设满意度统计表

指标	民主建设	
	满意	不满意
数量（户）	36	7
占比（%）	83.72	16.28

数据显示，民族村寨乡村旅游精准脱贫户中大部分对乡村旅游产业发展带来的民主建设表示满意。

2. 法治建设

表 6-13　民族村寨乡村旅游精准脱贫户对法治建设满意度统计表

指标	法治建设	
	满意	不满意
数量（户）	40	3
占比（%）	93.02	6.98

数据显示，民族村寨乡村旅游精准脱贫户中大部分对乡村旅游产业发展带来的法治建设表示满意。

3. 反腐倡廉

表 6-14　民族村寨乡村旅游精准脱贫户对反腐倡廉满意度统计表

指标	反腐倡廉	
	满意	不满意
数量（户）	41	2
占比（%）	95.35	4.65

数据显示，民族村寨乡村旅游精准脱贫户中大部分对乡村旅游产业发展带来的反腐倡廉表示满意。

（五）文化建设带来的获得感：知识与能力

1. 文化生活

表 6–15　民族村寨乡村旅游精准脱贫户对文化生活满意度统计表

指标	文化生活	
	满意	不满意
数量（户）	38	5
占比（%）	88.37	11.63

数据显示，民族村寨乡村旅游精准脱贫户中大部分对乡村旅游产业发展带来的文化生活表示满意。

2. 教育水平

表 6–16　民族村寨乡村旅游精准脱贫户对教育水平满意度统计表

指标	教育水平	
	满意	不满意
数量（户）	37	6
占比（%）	86.05	13.95

数据显示，民族村寨乡村旅游精准脱贫户中大部分对乡村旅游产业发展带来的教育水平提升表示满意。

（六）社会建设带来的获得感：保障与尊严

1. 住房保障

表 6–17　民族村寨乡村旅游精准脱贫户对住房保障满意度统计表

指标	住房保障	
	满意	不满意
数量（户）	29	14
占比（%）	67.44	32.56

数据显示，民族村寨乡村旅游精准脱贫户中大部分对乡村旅游产业发展带来的住房条件改善表示满意。

2. 社会保障

表 6-18　民族村寨乡村旅游精准脱贫户对社会保障满意度统计表

指标	社会保障	
	满意	不满意
数量（户）	25	18
占比（%）	58.14	41.86

数据显示，民族村寨乡村旅游精准脱贫户中大部分对乡村旅游产业发展带来的社会保障水平提升表示满意。

3. 基础设施

表 6-19　民族村寨乡村旅游精准脱贫户对基础设施满意度统计表

指标	基础设施	
	满意	不满意
数量（户）	22	21
占比（%）	51.16	48.84

数据显示，民族村寨乡村旅游精准脱贫户中大部分对乡村旅游产业发展带来的基础设施水平提升表示满意。

（七）生态文明建设带来的获得感：秩序与安全

1. 居住环境

表 6-20　民族村寨乡村旅游精准脱贫户对居住环境满意度统计表

指标	居住环境	
	满意	不满意
数量（户）	34	9
占比 /%	79.07	20.93

数据显示，民族村寨乡村旅游精准脱贫户中大部分对乡村旅游产业发展带来的居住环境改善表示满意。

2. 环保工作

表 6-21 民族村寨乡村旅游精准脱贫户对环保工作满意度统计表

指标	环保工作	
	满意	不满意
数量（户）	33	10
占比（%）	76.74	23.26

数据显示，民族村寨乡村旅游精准脱贫户中大部分对乡村旅游产业发展带来的居民环境保护意识提升表示满意。

以上数据结果显示，岜沙苗寨、高华瑶寨和四联侗寨的乡村旅游精准脱贫户在环境改善、社会治安、文化生活、社会保障等方面的获得感程度高，经济收入获得的满意度不足。

二、三个村寨乡村旅游精准脱贫户获得感的多维分析

为了进一步探明在民族村寨开发模式下乡村旅游精准脱贫户获得感差异存在的具体原因，课题组结合 2020 年 7 月凯里学院假期社会调查研究团队对三个村寨开展的社区调研成果①，从社区居民的自身因素、社区内部环境因素、社区外部环境因素三个维度对岜沙苗寨、高华瑶寨和四联侗寨民族村寨乡村旅游精准脱贫户的获得感差异进行分析。

（一）满意度差异

随着时代的发展，旅游发展已经成为了各地促进经济增长的主要方式。近年来，从江县政府不断加强对岜沙、高华以及四联的环境治理，并不断促进旅

① 本节中调研成果引用参考凯里学院吴学成、蒋琴、麻勇恒师生团队假期社会调查研究——《社区参与的出路：少数民族地区旅游扶贫困境的反思》中的访谈笔录和调研结论，经指导老师授权引用，特此表示感谢！

游项目的落地。但因受到一些因素的影响，社区居民对县乡村旅游发展及其扶贫效用的满意度也有不同。

1. 距离衰减：岜沙苗寨地理位置不同导致满意度差异

岜沙村村民对于旅游发展的满意度呈两极分化状态，这种分化是由于居住地距离旅游核心区的远近产生的。具体表现为：以岜沙生态文化广场为中心，周围以及距离主干道两旁较近的社区居民满意度比较高，村民通过自己开店、摆摊等方式，积极参与到景区的经营中，这部分村民将参与旅游发展看作是一项工作。而居住在离岜沙生态文化广场以及主干道较远的社区居民满意度就相对较低，他们还是靠着传统的农业生产勉强维持生计，或者闲时去县城里打零工补贴家用，生活依旧艰辛。

调研团队以岜沙大寨作为调查点，对居民进行访谈，了解乡村旅游脱贫户对参与旅游扶贫的看法。

> 我们家是岜沙最早做小卖部和客栈的，那时候去县城的路也不好（走），我公公就开了这个百货店，村里人都来我们这买烟买酒。这两年游客才开始多起来，前几年也有人来这看原始生活地方、照相、画画，后来有人知道这边的原始文化保留得很好就来这里开发旅游，之前游客不知道去哪吃住，看我们家条件还可以就来我们这里吃住。现在搞这个旅游之后我们的生活都好多了，村里的变化也很大，比以前好多了。
>
> ——YXX，女，岜沙，商人

> 这个旅游搞起来，比我们之前还没开发好了几倍了，有电、有水、有路了，还有点收入，家家户户多少都得到了一点旅游收益。景区的各方面做得都不错，无论是领导管理、景区防火、卫生这些都做得比较好，所以大家感觉开发旅游还是好。自从旅游开发后大家的旅游收入都是来自景区门票的分红或者是卖一些工艺品、农产品。
>
> ——GLW，男，岜沙，寨老

现在村里的发展比以前好多了，特别是修了路，以前从岜沙去县城要走上两个多小时，现在开车过去十几分钟，方便了好多。还有就是每家每户都有了一点旅游收入，这是旅游公司给我们的门票提成，之前是一年一户一千，现在每户按人口来算了。总之我们村的旅游发展还是为我们带来了不少的改变，我自己也打算在不忙的时候做点小生意，你看这是我家新装的房子，一楼我打算拿来开店，卖点水果、农产品这些。

——GLG，男，岜沙，务农

我们这搞旅游都是好的，最主要的就是把水引过来了，我们也不用去挑水了。但是我们还是希望游客来得多一点，我们也能多挣点钱，补贴点家用。

——MXX，女，岜沙，摊贩

通过对几位受访者的访谈，可以看出部分群众对于岜沙村的旅游发展持支持、乐观的态度，他们中有商铺老板、摊贩、社区精英，都是在旅游发展中获益较大的村民，他们认为发展旅游增加了收入、改善了村里的村容村貌、完善了村里的基础设施等，他们也靠着旅游提高了自己的生活水平，满足了生活的正常需要，在享受到旅游开发带来好处的同时也致力于村里的旅游发展。岜沙景区和社区的一体化让当地人能够享受到旅游建设的红利，旅游业的发展给予当地的生活与就业方式较大的变化，身处其中的居民深知旅游与自己的切身利益密切相关，充分展现对旅游开发的赞同与强烈的“主人翁”意识，能够更好地获取利益与改善生活。

为了更好地了解村民们的意愿，调研团队走访了离旅游核心区和主干道稍远一些的村民。

我觉得不怎么样，发展不上来什么了，也就现在这样了，没有什么东西能再发展起来的了。之前2007、2008年的时候，游客是最多的，也有很多人摆摊，卖水果、烧烤这些。现在游客相比之前来说已经很少了，就算是想做点小生意，没有游客来我们也是亏本的。而且现在肇兴侗寨分走了岜沙的不少游客，那边的路好走一点，上岜沙的路弯道太多了，自驾游的游客在路上开车都害怕。

——MLS，男，岜沙，务农

这个旅游搞得不行啊，反正我觉得这个旅游搞得不好，以前他们（旅游公司）不来承包还好一点，现在来承包就越来越差了。以前村里房子没有整修，错落得很，那时候还有好多学生来这里画画，现在一整修全部拆完了学生也不来了。之前村里自己也收门票的，30元一张，比现在旅游公司便宜多了，分红也比现在分得多，他们现在收得多了，游客也是来得越来越少了。

——GLB，男，岜沙，务农

通过对这部分村民的访谈，可知他们对岜沙的旅游发展持不满、消极的态度，他们在旅游发展中受益较少，他们不在景区就业，没有获得满意的收益，虽然不少村民很想参与到旅游发展中去，但是因各种现实原因未能实现，所以内心持消极态度。

2. 产业带动："瑶族药浴"带动高华瑶寨整体满意度

在从江县旅游发展中，高华村的旅游发展相对较快。在旅游业的带动下，该村的服务业得到了较快发展，给村民提供了部分就业岗位。部分外出务工的村民也选择回乡创业。在高华村旅游发展过程中，大多数村民们持比较乐观的态度。

乡村旅游在高华村势在必行，因为拥有独特的旅游资源，近年来节假日来这泡药浴的游客也非常多，就连春节也有外地游客来预定我家的客栈，而因为自家的客栈设施不太完善，今年也准备再另修一座。高华村旅游虽然在发展，但是发展得较为单一，大家的参与基本都是在旅社、药浴、瑶药，而对于其他的瑶族文化大家的参与热情并不是很高，以至于游客来此除了泡瑶浴，其余的文化体验项目基本没有（体验）。

——ZCG，男，高华，学生

我是村里较早做瑶族药浴的五户人家之一，2015年政府扶贫出资给我们修建了浴室还送了两个浴桶，我家一直经营至今，还攒了不少回头客。今年还准备翻修房子，建成“瑶浴＋住宿”的旅店。大家都很支持发展乡村旅游，可以增加一些收入，只是我们村里没什么可以玩的，只有药浴，游客来待两三天就回去了，要是来调理身体的可以待半个多月。

——ZCF，男，高华，村医

在调研团队的走访中，高华村村民总体上对于旅游发展的态度是积极的，政府为贫困户经营瑶族药浴和经营客栈提供了政策优惠条件，给予了当地贫困户改善自身情况的动力，村民对乡村旅游的发展充满激情。

3. 相对失败的开头：四联侗寨满意度与旅游产业的起步相关

四联村的乡村旅游发展以观光和文化体验为主，村里办了几届荷花节，村民积极性很高，但由于田地承包给外地人种植，对田地疏于打理，杂草丛生，举办荷花节时，来的游客不多，对当地没有带来实质性收入。后来，四联村再次以“四联侗族文化”为主题发展乡村旅游，村民对于旅游发展的积极性已不如从前。

为了解四联村村民的意愿，课题组对部分村民进行了访谈。

我是很支持我们村搞旅游的，因为我们家是开小卖部的，平常大家只会在我这买点生活用品，其他的东西就很少买，要是开发旅游了，游客来得多了，我这的生意也会更好做一点。

——LCM，女，四联，商人

我们村年轻人参与旅游的积极性很高，能跟得上潮流，外出打工也见过世面，真的发展旅游可以带动一个地区的发展，但是老年人就不一样了，有些老年人就不准我们去动土地，其他都无所谓，他们认为土地是命根子，我们这只有个别老人能配合。

——LJY，男，四联，村支书

我们这里除了荷花节，平常没什么游客来，就算平常来也没有什么看的，进村看看就走了，他们不会在这（停）留长的时间，最多就是在这吃个饭。在登翁举办的三次荷花节，只有第一次举办得比较隆重，来的游客也比较多。现在这个旅游公司来也不知道以后会发展成什么样，只能听村里安排了。

——LXX，女，四联，服务区工作人员

这两年的荷花节没什么游客，基本都是从周围的寨子过来，他们也就是来看看花，还有就是一天到晚在广场上唱侗歌跳广场舞，我们听不懂的就觉得很无聊。村民参与旅游发展的积极性还可以，只是村里人比较少，基本都外出打工了，剩下一些老人妇女，都不太懂。

——WLZ，女，四联，村医

从访谈情况看，四联村的村民对乡村旅游的发展一开始是比较看好的，但是随着几次荷花节的举办，对发展持不看好的态度，认为旅游业的体量不大，惠及不到自身，丧失对乡村旅游发展的兴趣，满意度总体不高。

（二）经济获得

近年来，乡村旅游发展所带来的经济效益逐渐成为民族村寨地区村民的主要经济来源。从江县作为贫困县，利用自身独特的少数民族文化优势发展村寨旅游，已成为当地经济主要的增长方式。

岜沙苗寨发展乡村旅游时间最早，在20世纪90年代就已开始。通过十多年的建设发展，岜沙苗寨的旅游基础设施不断完善，旅游发展环境不断优化，品牌知名度也得到不断拓展，成为远近闻名的原生态苗族文化乡村旅游村寨。随着乡村旅游的进一步开展，社区居民的经济收入逐渐增加，生活水平得到了较大提高。在旅游公司进驻岜沙后，提供了一批工作岗位，拓宽了社区居民的就业渠道，增加了女性的就业机会，为贫困户脱贫提供了持续发展道路。但是随着岜沙苗寨乡村旅游开展，村民的贫富差距随着离中心区的距离增加逐步拉大，村里的物价和生活成本也逐渐增加，居民的经济获得总体上呈现出两极分化的趋势。

高华瑶寨大力发展以瑶族药浴体验为主的旅游接待服务，村民参与程度高。近年来，村寨基础设施和旅游接待设施得到了很好的完善。截至 2020 年，全村已有 62 户农户开展了旅游接待服务，带动就业 100 余人，受益人口近 400 人，乡村旅游成为高华村村民脱贫致富的主导产业。旅游发展促进了社区居民收入的增加，改善了他们的生活条件，带动了贫困户脱贫致富，村民整体经济获得感比较好。

四联侗寨正处于一个探寻旅游发展方向的时间点，虽然之前的千亩荷塘让四联侗寨短暂的耀眼，但是没有持续下去。自从村里不再举办荷花节之后，农田被村民收回重新种了水稻。四联村有 6 家农家乐，但只有在游客较多时才会营业，平时都是大门紧闭的状态，村里人也不会去吃饭。村里有一个小卖部，店内卖的东西种类不多，村民很少来这里买东西，基本都是赶集的时候到镇上买。四联侗寨的旅游收入不是贫困户脱贫的收入来源，乡村旅游对贫困户脱贫的带动作用不明显。

（三）环境获得

岜沙苗寨遍布古树，枝繁叶茂。岜沙人敬树，他们与树为邻、视树为神，从生到死都把自己的信念和灵魂融于自然。乡村旅游发展以后，旅游公司进驻岜沙景区，对景区的基础设施进行了开发建设，实施了芦笙堂看台扩建、生态广场背景墙建设、岜沙道路改造、岜沙停车场改造、岜沙景区监控系统改造、道路改造等工程。高华村由政府牵头在村里进行改建，村容村貌焕然一新。四联村的基础设施建设也使得村里的环境得到了极大的改善，2019 年底，旅游公司入驻四联村登翁寨，对村内的设施进行了有效提升。乡村旅游给村民的生活环境带来了很大的改善，也提高了村民爱护环境的意识。

十户一体抱团发展是我们的一个特色，它作为一个联制机制，牵动着一个小团体，是村里一个区域内十多农户在一起的互相监督，有的也不满十户，主要是针对一个小区域内的，你监督我，我监督你，对环境卫生影响最大。还有消防安全方面的，如线路老化，要商量说明情况，十户一起整治；再者就是柴草进寨、防盗等方面都要监督。一家有什么事，十户联动一起解决。没有设置负责人，因为村里很多年轻人都要出去打工，没有专门负责这一块到底，还是得靠村民自觉性加上相互监督才能把环境卫生整治好。十户一体这是没有相应的补贴的，只是作为带动村民共同参与环境整治的一个契机。目前除了十户一体，还有专门针对贫困户的一个文件——公益性岗位的就业援助，参与公益性岗位的贫困户则享受补贴，主要职位有河道保洁员、护路员等等，参与这些都会有相应的国家补贴，不过只是针对这一年的，2020 年之后可能就没有了，主要是为了消除绝对贫困，普通户是不参与的。我们村在环境整治这一块做得是很好的，得到了各级的认可，并且还拿了许多的奖，如 2014 年 12 月被贵州省爱卫会评为省级“卫生村寨”，2018 年被贵州省人民政府表彰命名为省级“全省文明村寨”，2018 年 3 月被中共从江县委、县政府授予农村清洁风暴行动“红旗村寨”荣誉称号，2018 年 3 月被中共从江县委、县政府授予“十佳最美村寨”荣誉称号，这为我们村的发展奠定了良好的基础。

——LTJ，男，四联，村支书

（四）文化获得

从江县是远近闻名的“百节之乡 · 歌舞天堂”。岜沙苗寨是以树为神的“最后一个枪手部落”，高华瑶寨拥有被誉为“世界三大洗浴文化”的瑶族药浴，四联侗寨拥有千亩荷塘。乡村旅游使当地的民族文化得到保护和复兴，也提高了村寨的知名度和美誉度。无论是岜沙苗族的传统服饰，高华瑶族的“嫁郎”习俗、盘王节，还是四联侗族的侗歌、祭萨，居民们都能如数家珍、娓娓道来，都能尽其所能告诉调研团队关于他们所知道的故事。三个村寨相比，岜沙苗寨、高华瑶寨的乡村旅游发展得更快一些，村民的文化获得与乡村旅游发展程度呈现正相关关系。

（五）社会获得

1. 就业援助

摊位是前两年政府提供的，专门打制了10个旅游扶贫摊位，免费提供给岜沙村建档立卡贫困苗族群众经营，通过向过往游客销售当地的旅游商品和农特产品增加收入。

——YXX，男，岜沙，务工

旅游扶贫摊位是2017年开始有的，主要是销售水果、烧烤和农副产品。旺季（劳动节和国庆节）主要卖糯米饭、烤肉。旺季每天的收入能达到100元左右。

——WXX，女，岜沙，摊贩

首先是县里面发布文件到乡里，乡里发布到各村，各村按照文件落实到位。你们来的前两天，我们开展了一个就业援助岗位会议，积极响应脱贫攻坚的号召，对贫困户进行培训。今年受疫情的影响，收入不稳定，为了能如期实现脱贫攻坚这个任务，政府部门就积极提倡就业援助岗位，让贫困户积极参与进来，在我们村安排的岗位有维护公路的卫生清洁；维护小区河道；维护村寨卫生等，主要都是负责村里的环境卫生整治，一个月，不要求天天打扫，打扫十来回，工资每月400—800元。除了给贫困户安排就业岗位，村里还会给贫困户进行其他的培训，如乡村旅游方面，主要是培训接待服务、中药材种植以及医药传承。

——ZCY，男，高华，村支书

2. 技能培训

村里是有培训的，但是我没有去参与，后面我也听到村里的人说是一些技术培训，如种植、养殖培训等，内容大概就是水稻、果蔬种植等。前面的宣传栏那里有专家的信息，是县里面派来的。

——GXX，男，岜沙，务农

村里之前是有培训的，有餐饮这一块的，我学过一些，加上客栈里有游客来，要负责接待，就没有时间去参加。

——YXX，男，岜沙，客栈老板

在高华，只要家里种有瑶药材，都会有药草种植相关培训的经历。2016 年，县里面有专业人员来村里举办了一期瑶药栽培技术培训课程，特地派了省里面的研究员来为村民授课，当时有六十几个村民一同参与。在培训会上，研究员采集了十余个瑶药植物常用品种标本就其苗木培育方法和种植技术要领分别为大家进行讲解，并现场进行互动，为参训学员一一解答疑问。实践操作过程，培训员和学员们一起到瑶药种植示范基地进行现场操作培训，来到种植示范基地，培训员先进行栽植示范，讲解种植技术要领，然后让学员们进行实践操作，在指导过程中，学员有操作不对的地方，培训员对其及时进行纠正。那次的培训还是很有用的，使自己了解到科学的药草栽培技术也提高了种植技术水平，不仅使自己家的药草产量提高，还促进了全村的瑶浴产业发展。培训还为村民放发了一些栽培技术手册供村民后期翻阅，这些书在后期为村民解决了不少难题。

——ZCF，男，高华，村医

从以上访谈来看，政府对贫困户的技能培训是比较充分的，但是贫困户对培训的接纳程度和参与度存在差别，如何让贫困户提高参与技能培训的积极性是在巩固脱贫攻坚成果和乡村旅游带动乡村振兴的进程中需要持续解决的问题。

3. 社会网络

旅游开发时，要修路，这是大事情，我们大家就一起讨论。先是由村干部、组长、寨老在村里讨论，再喊乡镇、旅游局的人过来一起商量。最后就决定修公路，以前都是小路，不方便，又比较远，现在交通条件改善了，加上用我们瑶浴来开展旅游，生活一天比一天好了。如今，在旅游方面，村委会主要负责日常事务及管理、与外界沟通、争取项目等。

——ZYH，男，高华，寨老

从江县神秘岜沙传统文化产业专业合作社，于2015年成立至今，合作社经营范围主要有：传统旅游产品开发、加工、销售；开发电子商务产品销售；传统民族舞蹈表演；水稻种植；家禽养殖；淡水鱼饲养；旅游开发服务、咨询。合作社是自发成立的，当时看村里客流量也挺大，村里也有一些农产品，加上游客来吃的时候会反馈给我们一些建议。后来我们就自发组织了这个团体。我们也会搜集一些让客人满意的东西，将其登记下来，再设计成商品。

——YXX，男，岜沙，合作社负责人

瑶族药浴服务农民专业合作社成立于2013年。合作社现有成员70户，300多人，成员覆盖33个建档立卡户128人，其中有17户农家乐，一次性可接待150个游客体验瑶浴。在村两委与合作社的带领下，实现了种植药浴药材示范基地347亩，林下种植800余亩，接待每一个游客泡浴每桶提10元上交合作社用于管理，所提的这些费用用于村里卫生管理奖励、扶贫济困、增设相关设备、支出年终分红、注册高华集体商标等。

——ZCY，男，高华，村支书

岜沙景区运营公司是2015年12月成立。从公司的股份来看，80%是集团公司的，20%是政府入股。在景区中碰到一些比较难以解决的问题的时候，会优先沟通文旅局。比如协调村民，因为在景区我们只有经营权，管理权是归于政府的，景区中涉及管理方面的问题，会由政府去协调。在进驻景区时会有一些困难，比如涉及景区的一些民风民俗时，就会由公司代表、村民代表、村委、政府代表一起协商解决。

——JY，男，岜沙，景区经理

从以上的访谈可以看出，村寨的乡村旅游发展引入了合作社、景区运营公司等企业，原有的以寨老为核心的传统社会网络正在经历转型，由政府、企业、合作社构成的新的社会网络体系在逐渐形成。转型过程中，政府规范着其中可能存在的不合理因素，当出现冲突的时候，政府召集各方进行沟通和协调。由政府、企业、合作社构成的新的社会网络体系对乡村旅游产业发展和乡村旅游精准脱贫起到了很好的引领作用，促进了规模经营，培养了新型农民，促进了科技推广，克服了一家一户小生产，提高了市场竞争能力，增加农民个体抵御风险的能力，促进了农民生活迈向小康。总体上看，贫困户对这样一种新的治理体系是认可的。

（六）教育获得

这里很多人都是因为家庭经济条件不好和父母不重视教育才没读多少书，因为他们的父母也是这么过来的，从小就种地，种地有吃的就行，他们的观念里就是会干活就不会饿死。以前岜沙这边很难出大学生，基本都是小学文化水平，搞旅游开发对他们来说是个很好的学习机会，思想观念也在逐步开放。这边受益最多的是岜沙小学，很多来这边旅游的游客，都会给岜沙小学捐赠各种仪器、书籍，包括支教老师也会优先考虑这边。这就是他们实实在在得到的实惠。作为旅游扶贫的项目来说国家和政府也有很多补助。

——ZXX，男，岜沙，银饰店老板

乡村旅游扶贫对基础教育的提升资助增加了当地村民的教育获得，成为构建文化资本、促进生产建设的重要推动力。

三、多种扶贫方式下乡村旅游精准脱贫户的获得感分析

（一）政府主导

作为基层干部来说，文化水平还有待提高；在旅游管理方面也不专业，主要靠政府和企业支撑和指导建设等。通常都是政府召开会议，对旅游开展进行指导，如引进杭州萧山来支持发展，加上从江县里面的一些支持，涉及资金资助方面的等等。一些正式性文件目前是没有的。目前景区主要是公司经营，基础设施方面是政府完善和管理，如步道、长廊、修路等，都是政府。目前村里“三改”任务落实，针对全村进行整改，哪家房屋比较破烂的，政府请工人来帮忙修缮，村民只负责去免费运材料过来。

——GXX，男，岜沙，村干部

劳务就业扶贫文件的施行，削弱了当地社区居民参与旅游的积极性，劳务就业扶贫有一定的补贴，工资也可观，村里很多人想着出去发展，他们普遍认为在家的收入比较低。因为村里现在游客量不稳定，再加之现在的宣传力度不大，村里的旅游产品也比较单一，很难吸引更多的客人来游玩、体验。今年，村里落实政策，给外出务工的人配备行李箱，部分年轻人便外出务工了。

——SYH，男，高华，驻村书记

（二）社区参与

之前一直在外面务工，主要在深圳，收入六七千元。后来政府打造我们瑶浴，以此作为产业发展，从2013年回来就开始改造家里的设施，也就是集瑶浴、吃饭、住宿为一体的益康生态瑶浴。2015年加入了村里的合作社，2016年合作社就顺利开业，现在收益可观，主要是能够在家乡发展，为带动家乡经济作贡献。

——ZCX，男，高华，合作社理事

我们村目前的产业主要是村口右转的黔东南从江侗都中药材有限公司，主要收集的药材是何首乌、钩藤，但是何首乌的种植，一般都是两到三年才收，不太划算，所以这里大部分都是种钩藤，我家也种钩藤，今年是第三年种植，但是种的不多，刚开始种植，政府统一装车带过来，贫困户可以免费领取植株，非贫困户要购买。去年因为冰雹等自然灾害，钩藤收成不好，前两年钩藤35元一斤，我家卖得了两三千，村里有人种得多的，七八千的都有。这两年，他的价格降了几块，30至32元一斤。前两年我们村主要是发展荷花种植，后因为老板不打理，田里长满了草，加上老板没有按照协议给村民相应的补贴，今年村民就开始不种荷花了，直接摘秧种稻谷，目前的产业种植确实给我们村民带来了收益。

——LWY，女，四联，务农

村里会跳长鼓舞的都是我之前教的，以前村里有些人学得非常好，还经常去其他地方进行演出，舞蹈跳得也有质量，现在老了，就不去教了。现在的小孩很多动作都不太规范，也不漂亮，跳得有气无力的，跳得好的小孩，很多都嫁出去了，现在到第三、第四批学的，越学就越学不好。而且有的小孩也不愿意学习这些东西，天天拿着手机玩。

——ZYH，男，高华，寨老

村里造纸的也就几个老人家，很多年轻人也不太会做，之前旅游未开发时，村里偶尔找我购买一些，主要是用于书写生辰八字以及老人去世时用，在传承上，我儿子、儿媳有学，不担心这传统手工艺消失。

——ZQM，女，高华，造纸传承人

店开起来了，虽然没什么生意，要是以后搞旅游开发游客来的多了我们还是会营业的，但是搞旅游的话还是需要给农民群众一点利益，要是都没有利益的话，肯定谁都不想做。这几年来开发，村里还没有收入，但是把大家的房子整修好，让群众有地方住，大家心里面还是支持的。或者是在村里有什么岗位、请人帮忙，一个月多少工资，钱到位的话大家都很愿意参与的。村里要是能把旅游搞起来了我们也开心，老年人年纪大了，要看得开一点，开心一点。

——LJR，男，四联，农家乐老板

从以上访谈可以看出，在村寨乡村旅游产业发展进程中，旅游扶贫的实施在政府主导的同时，需要调动村民社区参与更为关键。一方面，旅游产业带来的经济发展会使得外出务工人员出现“回流”，给当地人带来了更多的就业机会，促进产业发展和脱贫巩固。乡村旅游产业发展通过一系列政策的实施带来村寨人居环境的改善，在现阶段建成了美丽乡村。另一方面，社区参与能最好地实现文化的保护和传承。从访谈中了解到，村民外出务工几年不回来，在文化参与上就缺失了，甚至文化的传承和保护都会受到影响。下一步开展乡村旅游带动乡村振兴时，需要在服务群众和调动群众积极性上多做功课，才能使得乡村旅游产业发展和人民生活水平提升稳步向前。

（三）经济带动

1. 小买卖

小卖部、摆地摊、小吃车等作为重要的小型服务实体经济，其客源不局限于游客，是贫困户获得收入的重要渠道，也成了贫困户走出家庭，形成社交网络的重要场所。

现在小卖部做的东西多了，游客多的时候很忙。爱人闲时就在店里坐着，之前家里还会酿糯米酒来卖，现在没精力做了，店里少什么东西的时候就让儿子到县城去进货，平常就卖卖烟酒，家里主要的经济收入来源还是靠两个客栈。

——YXX，女，岜沙，商贩

平价超市是2016年年底的时候开的，那时候游客还算多，一天能赚个几百块钱，生意也算好做，2018年开始生意就走下坡路了。现在村民们的消费观比之前变化还是很大的。以前买的都是一些低端产品，村里也没有卖牌子货的，小孩都喜欢喝五毛钱一瓶碳酸兑糖精水的饮料，村民们来这买东西喜欢越便宜越好的，现在村民们的思想观念也逐渐转变过来了。开超市挣得也不算多，好在日子过得清闲，在外打工虽然挣得多，但是太累了。

——YZT，男，岜沙，超市员工

现在村里开始搞旅游，人流量相对以前来说多了很多，以后想把小卖部的规模扩大、种类增多，弄成一个超市。还会考虑弄一个早餐摊位，寨子没有早餐店，以后把早餐店加进来，做一些当地的特色早餐，这样能吸引游客还能赚钱。

——LCM，女，四联，小卖部老板

2. 当导游

贫困户参与乡村旅游产业发展，除了经营小卖部、摆地摊、小吃车以外，还有的开始充当地方导游的角色。村民的自主参与提高了当地居民的旅游开发积极性，并且在一定程度上提高了社区的凝聚力。

高华村除了药浴体验，现在还没有很好的发展能力。于是，我开始自己充当向导，给游客规划行程。游客想体验原生态，就带着游客去种药材的地方采药，回来后教游客熬药，亲身体验；带着游客去田里抓鱼，游客抓到的鱼以低于市场的价格卖给游客，这个鱼拿来做烧烤，提供工具和佐料，游客可以自己做，也可以让别人做，收取一点加工费；游客想看瑶族长鼓舞，就请村民过来跳一场给游客看，由游客出钱给每名演员 20 元演出费。带着游客跟村里人交流，帮游客购买腊肉、黑色糯米饭等土特产。现在有些人也仿效着我的做法，学着我这样做。

——ZCX，男，高华，村民

3. 土地流转、房屋出租

除了直接参与乡村旅游发展外，也有一部分贫困户通过土地流转、房屋出租等方式间接参与到旅游产业发展中来，在乡村旅游产业发展中获益。

之前租田给老板种荷花，一亩田一年 1100 元。前几年荷花都是由政府来种，后来这个老板来承包，也跟村里面、群众签了合同。现在有新的旅游公司进来，这个旅游公司的老板准备承包当地的田，有一部分村民准备租给他。

——LJA，男，四联，务农

旅游公司准备租沿河的房子，一间房子给 3000 元，小间就给 1500 元。一般都是把一楼租出去，留二楼自己住，一楼的装修由公司出钱。有些愿意，有些不愿意；有些人想通了就给租，有些人想不通怕被骗，再者租出去也不方便。像我，他们也跟我说了好几次，我家里面人多，不租给他也对不起他，租给他了也真是不方便。像我们也是老干部，思想上要是想不通，群众的思想就更想不通了。所以，就先从我和支书开始，我先租给他们了，然后支书也租给他们了，我两个带头租，租了 13 间，其他的房子远了他们也不要，就要我们这河两边的。我也带他们每家每户的去问，有些人很难沟通，也有人同意。但是，按我自己来想，我也不愿意租，因为我这人多，年底回家了都到我这来住，人太多了，也不太想。他们做我工作，说你也是老干部了，支书也是我兄弟，我们两个就协商。

——LJH，男，四联，村干部

通过土地流转和房屋出租，一部分村民能间接从旅游发展中得到实惠，但是对于大多数村民来说，并不都能惠及。下一步，政府还需要积极争取各项资源全面带动贫困户参与进来，巩固脱贫攻坚成果，促进乡村振兴。

4. 利润分红

景区门票、景区旅游服务收益等得到的经济收入是社区居民旅游收益的重要组成部分。

刚开始分红是一家 1000 元，现在是按每户的人口算了，我家里四口人今年分了 900 元。

——WXX，男，岜沙，村民

景区构建符合当地实际的旅游收入利益分配机制，主动分享景区门票销售收入，在景区门票、景区旅游服务收益中提取一部分给予当地社区居民一定的利益分红，让贫困户享受看得见、摸得着的经济收入，一定程度上解决了贫困户的生活、经济问题，得到村民的拥护和支持。

5. 返乡创业

乡村旅游的兴起，在招商引资引进外来资本的同时，也给当地村民带来了返乡创业的机会，一部分外出打工见过世面的年轻人，抓住这个机会，申请政府帮扶资金，抱团发展，给贫困家庭增加了致富的渠道。

随着高华村瑶族药浴的名声渐起以及村里人都十分积极地参与旅游开发，有外面的公司提议在高华村建立一个瑶族药浴加工厂，由村里人进入厂里加工，再由公司的人进行对外销售。一些返乡创业的年轻人牵头，村里向上级部门申请了产业扶贫的资金来帮扶一部分，村里要是有想投资的村民也可以加入进来，形成股份制，就做起来了。

——ZCC，男，高华，合作社财务

四、乡村旅游产业发展和乡村旅游精准脱贫户的获得感持续提升的影响因素

（一）基础设施不够完善

基础设施不够完善成为制约乡村旅游产业发展和影响乡村旅游精准脱贫户获得感持续提升的主要因素。

现在这里最需要完善的就是基础设施，游客只能白天在这里游玩，一到晚上路灯都没有。其他不是4A的景区晚上还有灯光亮化，灯火通明的，这边什么都没有，晚上很黑的路上基本都没人。

——WXX，女，岜沙，村民

这里的基础设施不完善，岜沙怎么说在整个从江地区应该是名气最大的景区，而且作为一个4A级景区，我觉得我都怀疑不知道它怎么评上的。从游客的角度来讲，人家来这之后也会有这样的怀疑。

——ZXX，男，岜沙，银饰店老板

（二）景区管理不清

景区管理不清也是制约乡村旅游产业发展和影响乡村旅游精准脱贫户获得感持续提升的主要因素。

核心区是经营公司运营，景区下面还有一个摆渡车公司，是由从江县乘运公司在运营管理。目前两个公司不存在合作关系，是相互依存的关系。实际上，乘运公司也快退出了，毕竟一个景区两个公司管理，在运营和管理等方面会有矛盾和分歧。有过一次分歧，但是分歧

不是特别大，能够沟通，但是在沟通速度和效率上来说会很慢。国庆节的时候，游客量大，然后上面的游客实际上已经很多了，也准备返程，下面的公司又想着把游客装着上来，不想放空车上来，然后就造成了经济上损失，就产生了分歧。

——JY，男，岜沙，旅游公司经理

村里做的表面工作太多，现在去水库的路都还是泥巴路，嘴上说了就是不落实，讲多了大家都不信任了。

——GLB，男，岜沙，务农

（三）文化水平低、旅游项目陈旧、服务质量不高

村民文化水平低、乡村旅游项目陈旧、旅游服务人员服务质量不高成为制约乡村旅游产业发展，影响乡村旅游精准脱贫户获得感持续提升。

我初中毕业就出去打工了，那时候也小不懂事，去了外面觉得太累了，就回来在饭店当服务员。后来怀了孩子后就辞职了，现在在家带小孩。在岜沙像我这个年纪的女孩现在基本上都有两三个孩子了。

——WXX，女，岜沙，村民

景区服务人员如清洁工等，旅游公司会先考虑贫困户。这部分人接受教育程度较低，与游客交流的水平也有限，在听不懂游客的问题或者回答不出来时容易与游客产生误会。很多游客来我这买东西时会问我，这边的村民是不是排外、不热情？我觉得这是一个很大的误会，这边的村民其实都很淳朴，只是文化水平低，40 岁上下的女的听不懂普通话，男的多多少少能听懂，听不懂对你笑一笑，在我看来这边的村民还是蛮热情的。

——ZXX，男，岜沙，银饰店老板

目前存在的问题是表演形式比较落后，没有互动、没有体验。我们想对表演进行改制，但是也存在一些问题，核心成员是30人，表

演人员40多人，最多到50人。都是一两天时不时过来，导致舞蹈生疏，表演时表情麻木甚至没有表情，跳得好，跳得差都是规定的价钱，后面就越跳越差。我们想着把这个现状改变一下，也有请州歌舞团的老师来编排，村民说可以，但是要一天50块钱才去参加，村民不太配合，导致这件事不了了之。

——JY，男，岜沙，旅游公司经理

村里虽然有很多人都开了药浴店，设有住宿点，但是他们不太从游客的住宿要求来考虑。再者由于村里人家居住得较分散的原因，这些人家的居住地太过于偏僻，而他们又不愿意到较为聚集的地方修房子，这也导致了他们经营收入少、没有固定客源，平时还要靠务农来增加收入。

——ZCC，男，高华，合作社财务

部分村民受陈规陋习影响，观念落后，开拓创新意识不强；部分劳动力素质不高，在发展经济、增收方面思路不宽、技能低下、办法不多，收入难以提高。

（四）社区居民获益较少

社区居民经济获益少和获益不均制约着乡村旅游产业发展，影响乡村旅游精准脱贫户获得感持续提升。

就算是开发旅游要带动当地发展，实际情况也不能带动多少人，公司请了清洁工、组了表演队、招聘管理人员，现实条件就只能带动这么多了，这个村子2800多人，想全靠公司也养不活。

——WXX，男，岜沙，摆渡车司机

现在这个停车场离村里面太远了，而且现在都是旅游团的人来得多，他们在这逛一圈就回去了，最多逛累了在我们这买瓶水。以前来我们家住宿的基本上都是自驾来的，现在村里面也没停车场，他们开车也上不来，我们客栈生意也不好做了。

——YXX，女，岜沙，商贩

村里有两个表演队，都是换着去表演，一天演三场，之前每天表演可能有个二三十块钱的收入，人多的时候可能还不到。现在是按月结账，一个月有1000多元。

——WXX，女，岜沙，村民

社区居民从乡村旅游产业中获得的收益相对来说较少，这导致社区居民对于当地的旅游发展积极性变弱。社区居民的受益减少不利于社区的经济发展，也不利于保持良好的人文环境。

（五）旅游产业参与不足

村民在旅游产业中的参与不均衡和不持续制约着乡村旅游产业发展，影响乡村旅游精准脱贫户获得感持续提升。

旅游公司租房的时间是20年，很多老年人都说，租这么长时间，等房子到期我还在不在都是个问题！老年人对于自己的房子还是很有感情的，就像落叶归根一样，他们会觉得把自己的房子给别人20年，自己是接受不了的，感觉东西不在手里了。

——LXX，女，四联，服务区工作人员

两个哥哥都外出打工了，自己虽然还在村里，但是也没有办法在村里做点什么生意，一是缺乏资金，二是没机会。之前办荷花节时游客虽然相对较多一点，自己也想过去广场摆摊，无奈摊位太少了，而且大家要提前去预定摊位，自己不能随意摆摊，就放弃了做生意这个想法，现在在洛香服务区打扫卫生。

——LXX，女，四联，服务区工作人员

旅游公司对旅游资源的挖掘和规划应当从当地居民的角度出发，让村民知道乡村旅游发展的前景，因为在旅游活动的实践中，最需要的就是村民的支持。

（六）政府与村民之间的关系

政府在乡村旅游产业发展带动村民脱贫上花足了力气，但是贫困户受到知识、能力的限制，能够参与到旅游发展中的村民不多，在旅游开发中处于弱势地位，也很少能发表自己的意见，在利益分配时他们处于劣势，导致仍然有部分村民对旅游发展持消极态度。

现在主要就是带动贫困户，巩固脱贫攻坚的成果，怕其返贫。现在村里招商了，又给他们提供了一些获取收益的途径，比如他们有多的房子可以租出去，这样就有了部分收入；还有土地，有些人家出去打工了，土地闲置了就租给客商，让他们去种，这样土地流转就又有部分收入了。等客人来之后，我们可以让他们做一些餐饮、卖一点小东西，这样又有点收入。然后整个村里的一些环保、林业，也需要一定的就业岗位。还有一些服饰、跳舞、手编，都是给游客的一些文化体验，可以让部分老年人来做。我们为的就是不要让大家出去打工，在家就可以自己挣钱。

——WJW，男，四联，驻村干部

之前荷花都是政府来种，后来这个老板来了，他好像和政府这边联系了，村委就召集大家去开会征求大家同意嘛，然后就以每亩每年1100元或者大米500斤租给他了。这几年村里的田基本上都是拿去种荷花了，自己种水稻的很少，那个老板给的租金也少，所以村里很多人要的基本都是米，但是这个大米也不好吃，村里好多人都说他是拿来糊弄我们的。

——LXX，女，四联，服务区工作人员

民族村寨要想更好地发展旅游业，实现村富民强的目标，要立足于乡村旅游扶贫工作，认真落实到位，加大宣传力度，让更多的村民认识到旅游扶贫的作用。除此之外，要从村民的角度出发，根据政策的发展，积极推动、履行职责，才能为村民们谋得更多的经济利益。处理好村干部与村民之间的关系，避免利益之争，这样才能有利于旅游环境的和谐发展，使得每位村民的基本利益得到保障。

第三节　民族村寨开发模式下的乡村旅游精准扶贫对乡村振兴建设的启示：培育乡村旅游社区参与主体

贫困地区民族村寨旅游业的发展，对改善社区基础设施、提高社区就业率、增加社区居民经济收入等方面具有积极的作用。随着旅游业的不断发展，部分社区居民的参与意识不断得到提高，但由于受到教育文化水平、参与能力、参与机制等因素的影响，导致社区参与度不高、参与获益较少等问题。全面建成小康社会背景下，为了继续发挥旅游业在乡村振兴中的重要作用，更好地巩固旅游扶贫成果，实现民族村寨旅游高质量发展，需要培育乡村旅游社区参与主体，带动民族村寨社区居民的充分参与。

一、贯彻“有限政府”旅游扶贫理念

长期以来，我国旅游扶贫模式大多以政府主导为主。政府主导模式下的旅游扶贫在旅游规划、基础设施建设、旅游发展资金支持、资源调配等方面具有比较明显的优势。然而，政府在旅游扶贫实践过程中，可能会因为与当地居民的沟通不畅、管理难度大等原因，很难保证大多数社区居民都能从旅游开发中获益，甚至会与社区居民之间引发矛盾。

在旅游开发初期，当地政府需积极地支持民族旅游村寨的基础设施建设等工作，但在民族村寨旅游进入“参与阶段”和“发展阶段”之后，政府的角色

和职能应该有所转变，将民族村寨旅游的管理权向当地社区居民过渡。随着旅游扶贫工作的不断推进，政府主导的旅游扶贫方式已不能适应扶贫精细化的需求。政府可将村两委、社区精英、民间组织纳入旅游扶贫系统中来，充分听取基层组织的意见，保证村寨内真正贫困的居民能够参与到旅游扶贫中。社区居民作为民族村寨旅游开发中的文化主体，旅游扶贫实践需要社区居民的积极参与。在民族村寨旅游开发决策、规划、建设、经营、管理等方面，应充分肯定社区居民的主体性，积极地征求社区居民的意见，引导社区和贫困居民更加全面、更加深入地参与到旅游扶贫中来，提高旅游扶贫的实际成效。

二、激发社区参与旅游扶贫内生动力

民族村寨旅游发展，给区域相关产业的发展带来了较大的改观，但对于民族村寨中真正贫困居民的实际成效并不是很理想。这就需要从以下几个方面开展：首先，努力提升社区居民参与旅游扶贫的意识。由政府、村两委和民间组织对社区居民进行旅游发展效益方面的先进思想，让社区居民了解到旅游业可以让他们脱贫致富。其次，积极支持和鼓励社区居民创业。由于民族村寨大多社区居民的受教育水平较低、资金有限等原因，导致他们很难参与到旅游管理工作中。即使有部分居民想在村里单独开展旅游经营，也可能会遇到资金不足等困难。可对这部分居民进行积极引导，并在村寨中设置摊点，采取轮流经营或联合经营的方式，让村民获得一定的经济收益后再单独开展相关旅游经营。最后，积极提升社区参与旅游扶贫的技能。随着民族村寨旅游发展的深入，以及游客对旅游服务质量的提升和个性化需求，需积极引导社区居民参与由政府部门组织的各种旅游技能培训，不断提高社区旅游服务能力，激发贫困户参与旅游扶贫的内生动力。

三、推进乡村旅游高质量发展

全面建成小康社会背景下，乡村旅游需有新思维、新动能和新模式。根据当前的社会发展、时代需求及民族村寨旅游扶贫的实际情况，为实现民族村寨旅游分配中社区居民的充分参与，应巩固旅游扶贫成果，助推乡村振兴，加速推进民族村寨旅游业的高质量发展。一是坚持发展旅游与提升当地居民休闲生活相结合。人民的美好生活是我们的奋斗目标，如果旅游业的发展成果不能反哺社区的发展，不能让社区居民有获得感，旅游业就不会有可持续发展的未来。在发展旅游业的过程中，缔造主客共享的美好生活新空间，把外来游客和本地居民统一到共同消费市场。二是坚持文化与旅游融合发展，既要“旅游+”，也要“+旅游”。未来的旅游目的地一定是文化高地，没有文化吸引力的城市和乡村不能成为一流的旅游目的地，并持续吸引外来游客的到访。应充分挖掘民族村寨的文化内涵，梳理特色民族文化与旅游的关系、文化产业和旅游产业的交叉以及文化和旅游工作的共同目标，积极探索文旅融合的可能路径，从项目、产品和服务界面上切实把文化和旅游融合到一起。三是制定科学规划，绘制民族村寨旅游高质量发展蓝图。要实现民族村寨旅游高质量发展，需明确旅游发展的目标、思路，明确并完善“多规融合”，提出发展的重点领域、时间表、路线图、保障措施等，并结合“十四五”规划，绘制出民族村寨旅游高质量发展的蓝图。

四、社区精英引领乡村组织化建设

我国西部农村社区“半工半耕”的社会结构，决定了留守在村中占比10%的“中坚农民”是农村发展的主要力量；同时，偏远少数民族村寨是一个文化传统保持相对完好的自然村寨，社区中的传统精英依然存在并发生作用，如寨老、鼓藏头、鬼师等村落精英在村民当中仍然具有一定的威信。作为政府基层代表的村委会和基层党组织也是旅游扶贫的主要推动者，通过他们的带头示范带领贫困居民积极参与。因此，在民族村寨旅游扶贫开发中，要注重将这些村寨精英纳入到景区开发和建设中，通过村寨精英的示范带动效应将村寨居民紧紧地团结起来。这一过程既是村民主人翁意识的体现，也是激发农民主体参与和形成内生动力的过程。这些来自于村寨的具备现代乡贤精神的“保护型精英”熟悉村庄资源、了解农民内在需求，能够为旅游扶贫项目的设立出谋划策。

五、制度保障社区居民参与利益

现阶段的乡村旅游利益分配模式一定程度上否定了社区和居民作为土地和文化资本所有者产权主体的地位，社区居民的文化资源产权利益和土地权益没有得到很好的实现。要保障社区居民的权益，光靠社区居民个人自觉意识和自我保护能力是远远不够的。我国学者王宁提出“制度增权（empowerment，亦称‘赋权’）”可供借鉴。他认为，必须要有一套正式的制度环境来保障居民利益的获取。制度必须建立在一定的权利基础上，当前民族村寨最需要明晰和理顺的是村寨的土地、民族文化等资源的产权关系，包括所有权、使用权、经营权和收益权的利用和分配。在民族村寨的旅游开发中，应建立长效的社会保障制度，消除失地农民的后顾之忧。在门票收益分配方面，根据各利益主体的贡献率和门票收益，以契约的方式来搭建社区参与和利益保障的制度性渠道，从而减少社区居民与政府等外来利益主体矛盾与冲突。此外，可以适当地出台一些政策，保证当地人尤其是贫困人口参与，保证社区村民能够优先参与到旅游扶贫中，适当限制外来者在村寨中经营。

第七章 大力推进以人为核心的新型城镇化，增强人民群众的获得感和幸福感

城镇化是乡村扶贫的重要手段。城镇化在推进过程中能够把农村劳动力转移到制造业、服务业等第二、第三产业，推动城乡人口流动的速度，提供大量的就业机会，转移农村大量剩余劳动力、提高农民收入。城镇化带来产业结构变化，提升区域产业结构能级，在教育、医疗等方面实现城乡均衡，减少城乡差距，有效提升居民的获得感、幸福感和安全感。城镇化提倡建设“社会主义新农村”，有效改善乡村人居环境，在乡村发展过程中城市文化的注入促使农民生活方式发生改变，市场意识、经营意识、创业创新意识不断增强，精神生活不断丰富。因此，实施新型城镇化建设对于巩固脱贫效果具有非常重要的意义。

一、提升区域产业发展能级，优化新型城镇化发展格局

贵州省是我国西部地区多民族聚居省份，GDP 总值分布西部高、中部次之、东部低，区域发展不平衡。截至 2019 年底，贵州省城镇化率达 49.02%，正处于城镇化快速发展阶段。但是贵州省产业结构相对单一，产业结构需要调整。同时，贵州省资源分布不均衡，现有的城镇化模式划分大多以资源存量为依据，但是资源的存量只能说明资源的开发潜力，并不能反映资源的使用成本和利用效率。资源种类丰富的地区通常可以用较少的成本获得较多的资源，但也存在资源存量很大，开发难度高、开发成本大的现状，那么这种资源就不是最好的可以利用和发展的资源。过去以资源存量作为城镇化模式的划分依据其实并不合理。由于不同地区可以利用的资源不同，城镇化模式也应该不同。差

异化提升区域产业发展能级，加快构建以黔中城市群为主体，贵阳贵安为龙头，贵阳—贵安—安顺都市圈和遵义都市圈为核心增长极，以其他市（州）区域中心城市为重点，以县城为重要载体，黔边城市带和特色小城镇为支撑的新型城镇化空间格局。优化贵州省新型城镇化发展格局，是当前贵州省推进新型城镇化建设的工作重点。

城镇化带来产业结构变动，产业结构优化促进城镇化向前发展。产业结构变动理论和产业结构优化理论认为，随着城镇化进程的加快和经济的快速发展，人均财富占有量和人均收入水平不断增长，带动地区消费能力提高。随着消费能力提高，人们产生了更加强烈的多样化消费偏好。由于产品的需求弹性不同，需求结构发生规律性变动。同时，随着城镇化的进一步发展，企业竞争激烈，大量资本投入到技术开发部门，社会技术水平进步。技术进步一方面带来国民经济整体供给能力变化，另一方面由于不同产业间的非同步性变动，产业供给能力分化，供给结构发生变化。随着消费结构和供给结构的转变，资源在不同产业之间重新组合配置，三次产业结构重新调整、分工，带动整个国民经济发展水平提高、生产效率提升、主导产业发生更替。在这个过程中，农业生产效率的提高释放了更多的剩余劳动力，第二、第三产业比重不断增加，劳动力由第一产业向二、三产业转移，城市规模逐渐扩大，城镇化向前发展。

区域产业发展呈现差异化发展特点，差异化提升区域产业发展能级，需要优化城镇化发展格局。集聚经济理论认为，从生产成本角度，同一产业的企业聚集于同一空间，有利于生产要素的聚集和公共设施的共享，从而降低整个产业的平均生产成本；从规模经济角度，企业集聚可以促进劳动力专业化，实现地方工业化，而规模报酬递增会吸引更多企业聚集；从竞争角度，企业集中在一起，必然会带来激烈竞争，竞争促进技术创新；从信息传播角度，地理上的集中本身就有助于商品制造者、供给者与顾客之间产生更为自由的信息传播，相当数量的创新正是产生于顾客需要和解决供给的问题，同时地理集中加快了区域内企业采纳创新成果的速度。产业在空间上的集聚改变了原来的产业布局，使得资源更加集中，带来集聚经济，进一步促进城市发展，推进城镇化进程。

在产业发展与城镇化推进的互动机制中，市场起着决定性作用，政府具有主观能动性，对互动机制产生促进或者阻碍作用。劳动力从人口稀疏的农村集聚到人口稠密的城市，土地从分散的农业用地集中改变成城市用地。人口的空间集中，一方面扩大了城市消费群体，有相同消费偏好的居民更倾向于居住在一起，于是对产品的需求也会集中在固定的空间上；另一方面，大量进城的劳动力为城市带来了充足的人力资源，人力资源集中的地方劳动力质量更高，劳动力成本更低。土地利用性质的改变，增加了城市用地的供给，从而降低了土地成本。总体来看，城镇化带来消费需求增加，劳动力和土地供给增加，吸引产业向城市转移。政府根据区域发展目标制定宏观调控政策，政策对符合政府偏好的一方有利，对不符合政府偏好的一方不利，增加或者减少了不同经济主体的效益。产业结构和布局朝着政府制定的目标发生变化。政府在产业与城镇化的互动机制中起着重要作用，制定适宜的发展政策，对有效推动区域城镇化至关重要。

目前贵州省产业发展还不成熟，产业布局并不合理，产业发展与城镇化推进还不能很好地实现良性互动。相对于城镇化率高的省份，产业集聚对贵州省城镇化率的影响强度和作用幅度更大，产业空间布局显著影响城镇化率。其中，教育水平是影响城镇化率的重要因素，研究显示，教育行业越集聚，带来的社会经济效益越大。贵州省的教育水平较低，是制约其城镇化进程的主要原因之一。另外，农林牧渔业、交通运输业、仓储和邮政业、租赁和商务服务业等产业区位对贵州省城镇化率也存在显著影响。找准贵州省区域产业发展能级提升与新型城镇化发展格局优化中的关键性问题，需要有效发挥市场在产业发展与城镇化推进互动机制中的决定性作用，充分发挥政府政策的引导性作用：

一是优化教育空间布局，完善基本公共服务体系。优化教育空间布局，不仅优化城镇内部的教育布局结构，也要优化城镇之间、城乡之间的教育布局结构，使学校布点更加合理、教育资源配置更加高效，促进城乡教育一体化发展，促进人的发展和社会发展。统筹城乡规划建设，建立健全促进城乡融合发展的体制机制和政策体系，推动人才、资本等要素在城乡间双向流动和平等交换，提升区域产业发展能级。

二是制定差异化城镇发展模式，大力发展县域经济。充分考虑优势互补、分工合作，充分考虑区域的发展现状和发展特点，选择适宜的发展模式。贵州省北部地区以农业产业型为主，西南部地区以工业产业型为主，中部地区以交通物流型为主，东南部地区以生态旅游型为主，建设一批特色化小城镇。以中心城市为重点，发挥综合都市型城市的集聚功能，以点带面，做大做强城镇经济，坚持以城聚产、以产兴城、产城融合，提升产业发展能级，加快集聚创新要素，增强城镇人口承载力、内需带动力、发展竞争力。

三是有效发挥市场在产业发展与城镇化推进互动机制中的决定性作用。积极发展城镇消费经济，提升城镇消费品质、创新城镇消费模式、优化城镇消费环境，促进城镇发展要素集聚。加大基础设施建设力度，营造良好的营商环境，大力发展城镇创新经济，建设创新平台，引进高新企业，建设高新技术园区。促进劳动力和资本等要素向城镇集聚，带动城镇产业结构升级。

四是充分发挥政策的引导性作用，合理组合土地、劳动、资本、技术、产业要素系统，促进城镇化增长。土地为城市生产活动和劳动力居住提供空间要素供给，对城镇增长具有重要影响。土地供给对于地区经济增长的作用主要体现为新增投入效应和土地资本化效应。虽然城市产业用地供给对城市 GDP 增长有明显的作用，但是其贡献随着时间的推移逐步下降，而技术及人力资本的贡献不断增大，短期内土地要素投入能够推动经济增长，从长期来看土地供给规模固定并不会直接限制经济增长。因此，政策的引导应在要素系统自身发展的同时，激发制度创新对城镇增长的作用，改革产权和供给制度，解决好要素系统的协同关系。新型城镇化与土地、劳动、资本、技术、产业要素系统互为补充互为促进，要素之间的自由流动能引起资源优化配置，产生市场“红利”，政府通过制度创新，推动结构性改革，引起帕累托改进，释放制度“红利”。

二、大力推进以人为核心的新型城镇化，增强人民群众的获得感和幸福感

“十四五”时期，贵州明确提出要加快推进以高质量发展为统揽、以人为核心、以县城为重要载体的新型城镇化，大力实施“强省会”五年行动和城镇品质、城镇经济双提升行动，优化城镇布局，强化城镇功能，不断增强城镇人口承载力、内需带动力、发展竞争力。2021 年 4 月 12 日，贵州省推进新型城镇化暨“强省会”工作大会上，省委书记、省人大常委会主任谌贻琴强调，要

大力实施“强省会”五年行动，增强人民群众的获得感和幸福感。李炳军省长强调，要大力推进以人为核心的新型城镇化，为人民群众创造高品质城镇生活。“大力推进以人为核心的新型城镇化，增强人民群众的获得感和幸福感”，在当前贵州省经济社会发展进程中，再一次被提上了新的高度。

人民群众的获得感是检验社会发展成果、评价社会治理成效和民众生活质量的一把重要标尺。获得感的内涵结构包含五个方面的内容：一是个体对不同需求内容的客观获得和主观认知，即获得内容；二是个体需求得以满足的主客观社会环境条件，即获得环境；三是个体的自主能动性在需求满足过程中的实现路径和作用发挥，即获得途径；四是伴随需求满足的过程和结果而产生的情绪体验和行为经验，即获得体验；五是在个体需求满足认知和情绪体验基础上产生的致力于自我实现的共享性行为，即获得共享。因此，提升民众在社会改革发展中的获得感，其实现路径就应包括充实获得内容、提升获得环境、优化获得路径、丰富获得体验、实现获得共享等五个层面。

从上述五个层面入手，推进以人为核心的新型城镇化，增强人民群众的获得感和幸福感，需要同步做好以下几件大事：

一是倡导社会文明，促进社会公平，增强社会福利，充实获得内容。经济学认为，社会交往中绝大多数人都追求某些普适性的基本价值：个人免受恐惧和强制的自由、公正和正义、安全、和平、繁荣（经济福利）、宜人的自然环境和人工环境，几乎所有的文化群体都将这些置于优先地位，人们的个人化愿望都从属于它们。自由是一个人在其拥有的领域自主地追求其自设目标的机会，这些目标是他自己在不受干预的情况下设定的，但个人自由要受制于他人自由，自由意味着没有强制的威胁。公正分为程序公正和社会公正，程序公正是指个人和权力机关对相同的事件平等对待，以及对所有人按统一标准（而不是根据个人的立场或所从属的特殊集团）施加管束，它是法律面前平等这一原则的基础。社会公正定向于人类交往的结果平等，其目的在于拉平收入、财富和其他人类交往结果上的差异。短期来看，社会公正和程序公正存在冲突，社会公正会动摇程序公正和自由，削弱竞争和业绩激励，但是长期来看，冲突是可以被缓和的，甚至还能转化为互补。平等是人人都应有权获得相似的机会，与公正相关。安全与相信人们能在或远或近的未来享受到自由的信心相关，不用担心民间主体或集体主体横加暴力干预的自由。和平与暴力冲突相对应，是指既没有源于共同体内部的暴力和冲突，也不存在来自外部的暴力和冲突。经济福利的增长往往与宜人的自然环境和人工环境对立起来研究，环境工作者大多认为环境的保护需要遏制不断上升和扩散的繁荣。笔者认为，经济增长是在开放的系统之中，环境的恶化不能完全怪罪于经济的增长而更应该归咎于相关制度和公共政策的不完善。因此，推进建设以人为核心的新型城镇化，需要倡导社会文明，打造高品质的城镇生活、高水平的城镇生态环境，提升城镇居住品质、基础设施品质、基本公共服务品质、生态环境品质；加强和创新城镇治理，积极推动文明城镇、安全城镇建设，促进社会公平，增强社会福利，充实获得内容。

二是以城聚产、以产兴城、产城融合，集聚创新经济，发挥制度优势，提升获得环境，优化获得路径。从区域层面来看，经济福利或繁荣与满足易增长的人类物质需要的产品和服务的可获得性有关，产业集聚和创新促使有形的物质进行重新配置和组合，让物质分子得到有效的配置，从而获得更高的价值。活跃的城镇经济系统通过创造性的知识开发，使得区域内部人们的生活标准得到不断的上升，特别是实际人均收入的上升，有效增强人民群众生活的获得感、幸福感和安全感。从团体或个体层面来看，物质财富的增加不是获得感提升的决定因素，物质增加的差异对个体或团体的获得感也具有直接影响。除了简单体现在收入增加上的福利获得差异，人际间的行为交往成本也会对经济活动中人的获得感产生影响。人们之间的经济交往作为一种大群体内的市场化行为，需要建立各种体制以协调众多参与者的行动，并激励他们去做满足他人（通常是不认识的人）所期望的事情。而法治则为所有竞争者定出非个人的普适性约束，这些约束不可避免地会产生相当的协调成本。在市场化的经济活动中，协调活动和控制活动的成本主要集聚在市场活动中的个人以及在市场交往中的各类主体行为之中。市场中各个交往主体行为的总成本中，总会有一大部分来自于内部组织管理、市场调研、技术研究和开发、采购和销售、借贷、获得和运用法律建议等交往和协调活动中。适应性的制度环境有利于节约这些交往和协调成本。因此，推进以人为核心的新型城镇化，需要全力打造高质量的城镇经济、做强城镇工业经济、服务经济、消费经济、创新经济，不断增强城镇人口承载力、内需带动力、发展竞争力，增强人民群众的物质获得；建立市场化法治化国际化营商环境，积极推动智慧城镇、法治城镇建设，发挥制度优势，提升获得环境，优化获得路径。

三是加强组织领导，增强规划引领，丰富获得体验，实现获得共享。新型城镇化是系统工程，涉及方方面面，涵盖各行各业。经济系统是一个复杂的演化系统，其中千百万人高度多样化的不同特征相互作用并导致经济系统发生演化。但是，在这个演化过程中，各种各样的参与者并不是在混乱中运作，而是参照一个秩序系统有规则地运动。经济活动中的人类行为秩序有两种：目的性秩序和自发性秩序。如果可预见性行为结果的出现与行动者有目的的意愿无关，完全是个人行动的副产品，这种行为就是自发性的，被称之为自发性行为，规范这种秩序的手段是共同体内的成员都承认并服从的共同制度，行为过程以间接的自发自愿的方式进行；与之相对的是目的性行为，即在相互交往过程中实现预期结果的有意识行为，规范这种秩序的手段是人为的指令性计划，行为过程以直接凭借外部权威的层级结构方式来进行。团体和个体在经济活动中获得感体验的持续获得需要目的性行为秩序规范下的稳定的经济环境作为保障，从而激发个体在需求满足和情绪体验基础上产生致力于自我实现的共享性行为，实现自发性的获得共享。因此，推进以人为核心的新型城镇化，必须增强领导的推动力、规划的引领力、改革的驱动力、工作的落实力，建立健全规范性的外部权威，这是人民群众获得感持续提升的基本保障。这就要求各级党政主要领导要把新型城镇化作为一项特别重要的工作摆在突出位置，各级各部门要各负其责，树立正确的政绩观；加强规划建设，增强规划的引领力，强化规划的硬约束，发挥改革的驱动力，为新型城镇化注入强劲动力；增强工作的落实力，加强调度、评估和督导，坚持典型引路、示范引领，形成推进新型城镇化的强大合力，带动新型城镇化工作向纵深推进。

参考文献

一、中文著作

［1］曹沛霖．政府与市场．杭州：浙江人民出版社，1998.

［2］陈志武．对儒家文化的金融学反思 // 黄少安．制度经济学：十五辑．北京：经济科学出版社，2007.

［3］费孝通．乡土中国．北京：北京大学出版社，1998.

［4］高丙中．民间文化与公民社会．北京：北京大学出版社，2008.

［5］贵州省编辑组．苗族社会历史调查：一．贵阳：贵州民族出版社，1986.

［6］贵州省文化产业发展战略研究课题组．贵州省文化产业发展战略研究．贵阳：贵州大学出版社，2010.

［7］贺雪峰．乡村的前途．济南：山东人民出版社，2007.

［8］黄凯南．秩序扩展与停滞：社会结构与个体能动的交互作用 // 黄少安．制度经济学：十二辑．北京：经济科学出版社，2007.

［9］李悦主．产业经济学．北京：中国人民大学出版社，1998.

［10］梁鸿．中国在梁庄．南京：江苏人民出版社，2010.

［11］梁小民，等．经济学大辞典．北京：团结出版社，1994.

［12］陆铭，陈钊，王永钦．分流与聚合：用基于合约理论的发展经济学解释中国历史 // 黄少安．制度经济学：十五辑．北京：经济科学出版社，2007.

［13］庞元正，丁冬红．西方社会发展理论新词典．长春：吉林人民出版社，2001.

［14］黔东南苗族侗族自治州概况编写组．黔东南苗族侗族自治州概况．贵阳：贵州人民出版社，1986.

［15］盛洪．现代制度经济学．北京：北京大学出版社，2003.

[16] 汪丁丁，韦森，姚洋 . 制度经济学三人谈 . 北京：北京大学出版社，2005.

[17] 汪丁丁 . 市场经济与道德基础 . 上海：上海人民出版社，2007.

[18] 汪和建 . 迈向中国的新经济社会学 . 北京：中央编译出版社，1999.

[19] 张广修 . 村规民约论 . 武汉：武汉大学出版社，2002.

[20] 赵荣，王恩涌，张小林，等 . 人文地理学 . 北京：高等教育出版社，2006.

[21] 朱国宏，桂勇 . 经济社会学导论 . 北京：复旦大学出版社，2005.

[22] 朱国宏 . 经济社会学 . 北京：复旦大学出版社，2003.

[23] 陈志永 . 少数民族村寨社区参与旅游发展研究 . 北京：中国社会科学出版社，2015.

[24] 彭兆荣 . 旅游人类学 . 北京：民族出版社，2004.

[25] 孙九霞 . 旅游人类学的社区旅游与社区参与 . 北京：商务印书馆，2009.

[26] 刘晖 . 旅游民族学 . 北京：民族出版社，2009.

[27] 保继刚 . 社区旅游与边境旅游 . 北京：中国旅游出版社，2006.

[28] 王汝辉 . 民族村寨参与社区旅游制度与传统文化保护比较研究 . 北京：人民出版社，2012.

[29] 张晓萍 . 民族旅游的人类学透视 . 昆明：云南大学出版社，2009.

[30] 北京旅游学会 . 旅游社会学 . 北京：中国旅游出版社，2018.

二、外文译著

[1] 齐格蒙特·鲍曼 . 流动的现代性 . 欧阳景根，译 . 北京：商务印书馆，2000.

[2] 柯武刚，史漫飞 . 制度经济学 . 韩朝华，译 . 北京：商务印书馆，2000.

[3] 马克斯·韦伯 . 经济与历史支配的类型 . 南宁：广西师范大学出版社，2004.

[4] 佩雷菲特 . 论经济“奇迹”：法兰西学院教程 . 朱秋卓，杨祖功，译 . 北京：中国发展出版社，2001.

［5］皮埃尔·布迪厄．实践与反思．李猛，李康，译．北京：中央编译出版社，1998.

［6］皮埃尔·布迪厄．文化资本与社会炼金术．包亚明，译．上海：上海人民出版社，1997.

［7］埃里克·尤斯拉纳．信任的道德基础．张敦敏，译．北京：中国社会科学出版社，2006.

［8］德尼·古莱．发展伦理学．高铦，温平，李继红，译．北京：社会科学文献出版社，2003.

［9］弗罗里达．创意经济．方海萍，魏清江，译．北京：中国人民大学出版社，2006.

［10］霍贝尔．初民的法律：法的动态比较研究．周勇，译．北京：中国社会科学出版社，1993.

［11］理查德·L. 达夫特．组织理论与设计．王凤彬，张秀萍，等译．北京：清华大学出版社，2003.

［12］侨纳森·弗里德曼．文化认同与全球性过程．郭建如，译．北京：商务印书馆，2003.

［13］亚历山大·温特．国际政治的社会理论．秦亚青，译．上海：上海人民出版社，2000.

［14］IG.L. 克拉克，M.P. 费尔德曼，M.S. 格特勒，等．牛津经济地理学手册．刘卫东，王缉慈，李小建，等译．北京：商务印书馆，2005.

［15］安东尼·吉登斯．现代性的后果．田禾，译．北京：译林出版社，2000.

［16］安东尼·吉登斯．现代性与自我认同．赵旭东，方文，译．上海：生活·读书·新知三联书店，1998.

［17］弗雷泽．金枝．徐育新，汪培基，张泽石，译．北京：大众文艺出版社，1998.

［18］马克·J. 史密斯．文化：再造社会科学．张美川，译．长春：吉林人民出版社，2005.

［19］马林诺斯基．文化论．费孝通，译．北京：中国民间文化出版社，

1987.

［20］亚当・蒂克尔．经济地理学读本．童昕，梅丽霞，林涛，等译．北京：商务印书馆，2007.

［21］道格拉斯・C. 诺思．制度、意识形态和经济绩效 // 詹姆斯・A. 道，等．发展经济学的革命．黄祖辉，蒋文华，译．上海：上海三联书店，2000.

［22］弗朗西斯・福山．信任：社会美德与创造经济繁荣．彭志华，译．海口：海南出版社，2001.

［23］古铁雷斯．老人社会工作：权能激发取向．赵善如，何赵仁爱，译．台北：台湾扬智文化事业股份有限公司，1998.

［24］阿尔弗雷德・马歇尔．经济学原理．朱志泰，译．北京：商务印书馆，1981

［25］阿马蒂亚・森．以自由看待发展．任曦，于真，译．北京：中国人民大学出版社，2002.

［26］道格拉斯・C. 诺斯．理解经济变迁过程．钟正生，等译．北京：中国人民大学出版社，2008.

［27］爱尔玛・阿德尔曼．发展理论中的误区及其对政策的含义 // 杰拉尔德・迈耶，约瑟夫・斯蒂格利茨．发展经济学前沿：未来展望．北京：中国财政经济出版社，2003.

［28］弗朗西斯・福山．内蒙古：远方出版社，1997.

［29］弗朗西斯・福山．信任：社会道德与繁荣的创造．北京：远东出版社，1998.

［30］哈耶克．哈耶克论文集．邓正来，译．北京：首都经济贸易大学出版社，2001.

［31］霍夫斯坦德．跨越合作的障碍：多元文化与管理．尹毅夫，等译．北京：管理科学出版社，1996.

［32］拉尔夫・林顿．影响经济增长的文化和人格因素 // 谢立中，孙立平．二十世纪西方现代化理论文选．上海：上海三联书店，2002.

［33］马克思．资本论：第 2 卷．北京：人民出版社，1975.

［34］迈克・克朗．文化地理学．杨淑华，宋慧敏，译．南京：南京大学出

版社 .2004

［35］塞缪尔·亨廷顿，劳伦斯·哈里森 . 文化的重要作用：价值观如何影响人类进步 . 程克雄，译 . 北京：新华出版社，2002.

［36］约翰·穆勒 . 政治经济学原理：上 . 北京：商务印书馆，1997.

三、期刊论文

［1］包艳 . 行动与制度实践：东北 F 市小煤矿场域整顿关闭过程的经验研究 . 上海：上海大学，2008.

［2］曹诗图 . 论旅游产业和文化产业的互动与整合：以湖北省宜昌市为例 . 特区经济，2005（10）.

［3］陈斌 . 乡村旅游开发与城乡社会流动 . 贵阳：贵州大学，2011.

［4］陈树强 . 增权：社会工作理论和实践的新视角 . 社会学研究，2003（5）.

［5］陈志永，等 . 社区主导转向政府主导：西江苗寨旅游发展模式演变的调查分析与评价 . 黑龙江民族丛刊，2010（5）.

［6］费广玉，陈志永 . 民族村寨社区政府主导旅游开发模式研究：以西江千户苗寨为例 . 贵州教育学院学报，2009（6）.

［7］冯学刚，王晓云 . 西南民族旅游目的地发展潜力研究 . 旅游论坛，2009（1）.

［8］高波，张志鹏 . 文化与经济发展：一个文献述评 . 江海学刊，2004（1）.

［9］高波，张志鹏 . 文化成本：概念与范式 . 南京大学学报，2005（5）.

［10］高波，张志鹏 . 文化资本：经济增长源泉的一种解释 . 南京大学学报（哲学·人文科学·社会科学），2005.

［11］高波 . 文化成本与地点竞争优势：对世界制造中心转移的文化经济学分析 . 南京社会科学，2005（11）.

［12］肖冬连 . 中国二元社会结构形成的历史考察 . 中共党史研究，2005（1）.

［13］龚绍方 . 制约我国文化旅游产业发展的三大因素及对策 . 郑州大学学报（哲学社会科学版），2008（6）.

［14］顾朝林 . 中国大中城市流动人口迁移规律研究 . 地理学报，1999（3）.

[15] 郭素婷 . 区域文化旅游产业的系统化运作 . 地域研究与开发，2008（6）.

[16] 何景明 . 边远贫困地区民族村寨旅游发展的省思：以贵州西江千户苗寨为中心的考察 . 旅游学刊，2010（2）.

[17] 何梅青 . 民族文化旅游产业模式综合评价方法探析 . 资源与产业，2011（1）.

[18] 洪名勇 . 农地习俗元制度及其实施机制研究 . 南京：河海大学，2007.

[19] 花建 . 论文化产业与旅游联动发展的五大模式 . 东岳论坛，2010（4）.

[20] 贾生华，吴波 . 基于声誉的私人契约执行机制 . 南开经济研究，2004（6）.

[21] 鞠宏磊 . 文化产业投资基金的运作模式与发展思路 . 求索，2011（4）.

[22] 孔建新 . 对旅游产业若干理论问题的探讨 . 新疆金融，2004（2）.

[23] 黎洁 . 文化名城文化产业与旅游产业整合创新的目标模式研究：以云南大理为例 . 思想战线，2001（1）.

[24] 李二玲 . 中国中部农区产业集群的企业网络研究 . 郑州：河南大学，2006.

[25] 李树民，陈实 . 论西部旅游业实施政府主导型战略的宏观分析 . 人文杂志，2002（5）.

[26] 廖重斌 . 环境与经济协调发展的定量评判及其分类体系：以珠江三角洲城市群为例 . 热带地理，1999（2）.

[27] 刘豪兴 . “民工潮”的发展趋势初探 . 复旦学报（社会科学版），1995（3）.

[28] 刘军萍 . 观光农业：让农业走向旅游产业 . 国土经济，2001（1）.

[29] 刘秀玲 . 建设宗教文化旅游产业，带动区域经济社会可持续发展：浅析本溪市溪湖区域宗教文化旅游开发可行性 . 管理观察，2009（10）.

[30] 陆军 . 实景主题：民族文化旅游开发的创新模式 . 旅游学刊，2006（3）.

[31] 罗明义 . 论文化与旅游产业的互动发展 . 经济问题探索，2009（9）.

[32] 孟召宜 . 文化经济协同演化研究：以江苏为例 . 郑州：河南大学，2007.

[33] 梅因 . 治理问题与现代福利国家 . 国际社会科学，1999（2）.

[34] 苗长虹，王兵 . 文化转向：经济地理学研究的一个新方向 . 经济地理，2003（5）.

[35] 苗长虹 . 从区域地理学到新区域主义：20 世纪西方地理学区域主义的发展脉络 . 经济地理，2005（5）.

[36] 宁泽群，金珊 . 798 艺术区作为北京文化旅游吸引物的考察：一个市场自发形成的视角 . 旅游学刊，2008（3）.

[37] 潘秋玲 . 现阶段我国乡村旅游产品的供需特征及开发 . 地域研究与开发，1999（2）.

[38] 庞效民 . 90 年西方经济地理学的文化研究趋向评述 . 经济地理，2000（3）.

[39] 漆捷，李英姿 . 文化在区域经济中的整合功能：以山西区域经济发展为例 . 中共山西省委党校学报，2005（5）.

[40] 任芳 . 传统体育文化产业与旅游产业的互动发展研究：基于保定市文化与旅游产业的调查分析 . 河北经贸大学学报，2010（2）.

[41] 阮学金，张军 . 乡镇企业的社区性格和空间集聚 . 地理学与国土研究，2005（1）.

[42] 邵志忠，等 . 人文生态旅游开发与西部乡村社会发展 . 广西民族研究，2004（3）.

[43] 舒伯阳 . 中国观光农业旅游的现状分析与前景展望 . 旅游学刊，1997（5）.

[44] 孙希有 . 经济发展的人文向度：面向 21 世纪的中国市场经济转型与文化转型 . 长春：吉林大学，2004.

[45] 孙昕，徐志刚，陶然，等 . 政治信任、社会资本和村民选举参与：基于全国代表性样本调查的实证分析 . 社会学研究，2007（4）.

[46] 孙玉梅 . 山西省文化旅游资源的特征与文化产业发展模式 . 地理研究，2011（5）.

[47] 孙兆霞 . 试论乡村旅游开发中资本主导的缺陷及产权制度创新 . 中南林学院学报，2006（4）.

[48] 唐善茂，张瑞梅．区域旅游可持续发展评价指标体系构建思路探讨．桂林工学院学报，2006（1）．

[49] 唐绍欣．传统、习俗与非正式制度安排．江苏社会科学，2003（5）．

[50] 汪丁丁．制度创新的一般理论．经济研究，1992（5）．

[51] 汪清蓉．文化产业与旅游产业整合创新模式研究：以佛山市文化与旅游产业为例．广东商学院学报，2005（1）．

[52] 王春光．新生代的农村流动人口对基本公民权的渴求．民主与科学，2000（1）．

[53] 王文祥．文化旅游产业国内外研究综述．学术交流，2010（11）．

[54] 王兆峰．基于产权理论的民族文化旅游创意产业发展研究．贵州民族研究，2010（5）．

[55] 王兆峰．基于产业集群的民族文化旅游产业竞争优势研究．贵州民族研究，2011（2）．

[56] 吴金梅．产业融合视角下的影视旅游发展研究．旅游学刊，2011（6）．

[57] 严震宇．权力不对称与路径依赖．长春：吉林大学，2006.

[58] 杨红军．非正式制度与企业文化研究．长春：吉林大学，2004.

[59] 杨振之．青藏高原东缘藏区旅游业发展及其社会文化影响研究．成都：四川大学，2003.

[60] 殷德生．南街村模式的实证观察与理论诠释：一个乡镇企业产权制度变迁效率的个案研究．管理世界，2001（4）．

[61] 吴忠军．论旅游扶贫．广西师范大学学报（哲学社会科学版），1996（4）：18–21.

[62] 丁焕峰．国内旅游扶贫研究述评．旅游学刊，2004（3）：32–36.

[63] 何景明．边远贫困地区民族村寨旅游发展的省思：以贵州西江千户苗寨为中心的考察．旅游学刊，2010（2）：59–65.

[64] 周歆红．关注旅游扶贫的核心问题．旅游学刊，2002（1）：17–21.

[65] 陈志永，梁涛，吴亚平．关于少数民族村寨旅游开发中的几个问题．黑龙江民族丛刊，2011（3）：56–60.

[66] 吴学成，李江风，蒋琴，等．民族村寨旅游发展的动力机制系统研

究．生态经济，2014（1）：141–143.

［67］唐顺铁．旅游目的地社区化及社区旅游研究．地理研究，1998，17（2）：145–147.

［68］刘纬华．若干社区参与旅游发展的若干理论思考．旅游学刊，2000（1）：41–52.

［69］韦复生．旅游社区居民与利益相关者博弈关系分析：以大型桂林山水实景演出“印象刘三姐”为例．广西民族研究，2007（3）：197–205.

［70］蒋艳，张环宙．基于社区空心化危机的城市节庆活动社区主体发展模式探讨：以大运河杭州段小直街社区为例．市场论坛，2010（3）：9–11.

［71］陈佳娜，李伟．特色乡村型旅游景区社区参与模式研究：以西双版纳傣族园景区为例．西昌学院学报，2011，25（4）：66–68.

［72］李琼，陈保平．乡村振兴战略背景下石台县乡村旅游扶贫的社区参与现状与对策研究，农村经济与科技，2020，31（3）：86–88.

［73］刘晓鹰．民族村寨旅游扶贫研究．成都：西南民族大学，2019.

［74］王宁．消费者“增权”还是消费者“去权”：中国城市宏观消费模式转型的重新审视．中山大学学报（社会科学版），2006（6）：100–106+124.

［75］保继刚，孙九霞．从缺失到凸显：社区参与旅游发展研究脉络．旅游学刊，2006（7）：63–68.

四、英文参考文献

［1］SAYER A. Sayer. Method in social science–a realist approach. London: Routledge, 1992.

［2］The dialectic of culture and economy. Lee R and Wills J (Ends) Geographies of Economies. London: Amold, 1997.

［3］BECATTINI G. The industrial district as a creative milieu, in industrial change and regional development. London: Belhaven, 1991.

［4］BONIFACE P. Tourism and Cultures: Consensus in the Making// ROBINSON M, BONIFACE P. Tourism and Cultural Conflicts. Wallingford, UK: CABI Publishing, 1999.

[5] BOURDIEU P, DARBEL A, SCHNAPPER D. The love of art: european art museums and their public. Cambridge: Polity Press, 1991.

[6] BRITTON S. Tourism, Capital and Place: Towards a Critical Geography of Tourism. Environmental Planning: Society and Space, 1991(9).

[7] CARPENTER J P, DANIERE A G, TAKAHASHI L M. Social capital and trust in south-east Asian cities. Urban Studies, 2004.

[8] DEAN M C. Empty Meeting Grounds. London: Routledge, 1993.

[9] FUDENBERG D, LEVINE D K. Maintaining a reputation when strategies are imperfectly observed. The Review of Economic Studies, 1992(59).

[10] FUKUYAMA. Trust: The Social Virtues and the Creation of Prosperity. New York: Free Press, 1995.

[11] The embedded firm-on the socioeconomics of industrial networks. London and Newyork: Routledge, 1993.

[12] GRANOVETTER M S. Economic action and social structure: the Problem of embeddedness. American Journal of Sociology, 1991.

[13] HARVEY P. Distinction: a Social Critique of the Judgement of Taste. London: Routledge, 1989.

[14] WAGER J. Developing a strategy for the Angkor world heritage site. Tourism Management, 1995, 16(7).

[15] KHALID A H. Cultural sustainability: an asset of cultural tourism industry. Ebla Working Paper, 2005, 27(2).

[16] KOOIMAN J, VAN VLIET M. Governance and Public Management. Managing Public Organizations, Newbury Park. CA: Sage, 1993.

[17] KREPS D M, ROBERTS J, WILSON R. Reputation and imperfect information. Journal of Economic Theory, 1990(27).

[18] MACAULAY S. Non-Contractual Relationships in Business A Preliminary Study. American Sociological Review, 1963(28).

[19] MERRIMAN N. Beyond the Glass Case: the Past, the Heritage and the Public in Britain. Leicester: Leicester University Press, 1991.

［20］WANG N. Vernacular house as an attraction: illustration from hutong tourism Beijing. Tourism Management, 1997, 18(8).

［21］NORTH D C. Institutions,Institutional Change and Economic Performance. Cambridge: Cambridge University Press, 1990.

［22］OECD, The Well-being of Nations, The Role of Human and Social Capital, Organization for Economic Co-operation and Development (OECD): Centre for Educational Research and Innovation. Paris. France, 2001.

［23］LUKIN S, DIMAGGZO P J. Structure of capital: the social organization of the economy. Cambridge: Cambridge University Press, 1990.

［24］POUDER R, St. John C. Hot spots and blind spots: geographical clusters of firms and innovation. The Academy of Management of Review, 1996(21).

［25］PUTNAM R, LEONARDIR B, NANETTI R. Making Democracy Work. Princeton: Princeton university Press, 1993.

［26］RICHARDS G. European Cultural Tourism. Annuals of Tourism Research, 1996, 26(1).

［27］SCHEYVENS R. Ecotourism and the empowerment of local communities. Tourism Management, 1999.

［28］BEUGELSDIJK S, SCHAIK T V. Different in social capital between 54 western European regions Regional Studies, 2005.

［29］IYER S, KITSON M, TOH B. Social capital, economic growth and regional development. Regional Studies 39, 2005.

［30］STEBBINS R A. Cultural Tourism as Serious Leisure. Annals of Tourism Research, 1996，26(4).

［31］PARSONS T. The Social System. London: Routledge & Degan Paul, 1951.

［32］SOFIELD T HB. Empowerment for sustainable tourism development. Pergamon, 2003.

［33］WALSH K. The Representation of the Past: Museums and Heritage in the Post Modern World. London: Routledge, 1991.

［34］ZUCKER L G. Production of Trust: Institutional Sources of Economic

Structure. 1948—1920. In research in orgnization behavior. B.M. Straw and L.L. Cummings, 1986(8).

[35] ZUKIN S. Landscape of Power: from Detroit to Disney World. Berkeley: University of California Press, 1991.

[36] SHAH K. Tourism, the poor and other stakeholders: Asian experience. ODI Fair–Trade in Tourism Paper. London: ODI, 2000: 175–182.

[37] ASHLEY C, ROE D, GOODWIN H. Pro–poor Tourism Strategies: Making Tourism Work for the Poor. ODI, IIED, and CRT, 2001: 16.

[38] MURPHYPE. Tourism: a community approach, New York: Methuen, 1985.

[39] PETTY J. The many Interpretation of Community Participation. In Focus, 1995, 2(1): 23–47.

[40] SIMMONS D G. Community Participation in tourism planning.Tourism Management, 1994, 15(2): 98–108.

附录：乡村旅游精准脱贫户获得感调查问卷

亲爱的朋友：

您好！为了帮助您的家庭过上更加美好的生活，我们需要了解您和您的家人在旅游扶贫前后的生活状况，请按下列题目的要求填写答案，同时希望您提出宝贵的建议，谢谢您的支持！

"全面建成小康社会背景下乡村旅游精准脱贫户的获得感研究"课题组

您的民族：

家庭最高学历（　）A. 小学及其以下；B. 初中；C. 高中；D. 大专及其以上

家庭贫困原因（　）A. 因病；B. 因残；C. 缺资金

请注意：在问卷中没有标明多选的均为单选。

旅游开发前：

1. 人年均纯收入（　）

A. 2855 元以下　　B. 2855—3050 元

C. 3050 元以上

2. 您的家庭收入主要来自于（　）

A. 务农　　B. 务工

C. 救助金　　D. 社保金

3. 多选：您参加的社会活动有（　）

A. 传统节日　　B. 社区选举

C. 探亲访友　　D. 社团组织

E. 文艺展演

旅游开发后：

4. 人年均纯收入（　）

A. 3000 元以下　　B. 3000—5000 元

C. 5000—8000 元　　D. 8000—10000 元

E. 10000 元以上

5. 多选：您的家庭收入主要来自于（　）

A. 务农　　B. 务工

C. 救助金　　D. 社保金

E. 旅游经营

6. 多选：您通过哪种方式的旅游经营实现创收（　）

A. 餐饮　　B. 住宿

C. 产品买卖　　D. 集体分红

7. 多选：您参加的社会活动有（　）

A. 传统节日　　B. 社区选举

C. 探亲访友　　D. 社团组织

E. 文艺展演

8. 您对当地的乡村旅游产业发展水平（　）

A. 满意　　B. 不满意

9. 您对当地的就业岗位总量及分配情况（　）

A. 满意　　B. 不满意

10. 结合劳动能力、工作难度，您对旅游收入的合理性（　）

A. 满意　　B. 不满意

11. 以当地的经济发展为基础，您对当地物价规定的合理性（　）

A. 满意　　B. 不满意

12. 考虑分配公平，您对当地贫富差距的合理性（　）

A. 满意　　B. 不满意

13. 您对您的家庭在当地发展中参与讨论，参与地方发展的程度（　）

A. 满意　　B. 不满意

14. 您对地方政府严格执法的水平（　　）

A. 满意　　　　　　　　　　B. 不满意

15. 您对当地廉政建设的工作成效（　　）

A. 满意　　　　　　　　　　B. 不满意

16. 您对展示当地文化风采，鼓舞民众投身脱贫攻坚的文化建设（　　）

A. 满意　　　　　　　　　　B. 不满意

17. 您对当地教育资源、质量及分配情况（　　）

A. 满意　　　　　　　　　　B. 不满意

18. 您对基本住房保障（　　）

A. 满意　　　　　　　　　　B. 不满意

19. 您对因老因病因伤得到的生活保障（　　）

A. 满意　　　　　　　　　　B. 不满意

20. 您对当地基础设施建设情况（　　）

A. 满意　　　　　　　　　　B. 不满意

21. 您对旅游开发带来的自然环境和人文环境变化（　　）

A. 满意　　　　　　　　　　B. 不满意

22. 您对当地的环境保护政策和措施（　　）

A. 满意　　　　　　　　　　B. 不满意

您的建议：

调查员：

日期：